© K. Haase

Corinna Kohröde-Warnken, geboren 1966, examinierte Krankenschwester, Fachweiterbildung in Anästhesie und Intensivmedizin, zehn Jahre am Patientenbett, von 2003 bis 2010 Pflegedienstleitung und Prokuristin einer Altenpflegeeinrichtung, von 2010 bis 2013 Referentin des Vorstandes in einem Krankenhaus der Maximalversorgung; Studium Public Health und Pflegemanagement mit Abschluss Diplompflegewirtin, seit 2009 Dozentin an der Hamburger Fern-Hochschule, seit 2014 Schriftstellerin, Bloggerin, Journalistin, diverse Buchpublikationen, bundesweite Lesereisen.

Corinna Kohröde-Warnken

Du bleibst du, und ich bleib ich

Balance halten, wenn die
Eltern Pflege brauchen

Für meine Eltern, die besten der Welt

Inhalt

Kapitel 2
Die emotionale Seite in der Pflege

Kapitel 3
Das sagen die Pflege-Profis

Der »Graue Pflegemarkt«
Ein persönliches Statement

Kapitel 4
Rat, Hilfe und Begleitung für die Praxis

Guten Tag, liebe Leserinnen und Leser,

das Thema Älterwerden ist *das* Thema der Anfang Fünfzigjährigen. Ich bin sicher, dass es nicht nur meiner verstärkten Auseinandersetzung mit dem Thema dieses Buch geschuldet ist und der viel zitierten demografischen Entwicklung, sondern dass einfach jeder in diesem Alter sich damit auseinandersetzt, Eltern, Partner oder andere nahestehende Angehörige gut versorgt zu wissen.

Alt zu werden gehört zum Leben, ist etwas Natürliches und durchaus Schönes, auch wenn uns die Gesellschaft etwas anderes glauben machen will. Selbstverständlich ist das Altwerden aber überhaupt nicht. Noch zu Beginn des 20. Jahrhunderts hatten die Menschen deutlich weniger Lebenszeit. Analog dazu auch weniger Zeit mit ihren alternden Eltern. Durch die Steigerung der Lebenserwartung erhöht sich auch die unmittelbare Bedeutung einer möglichen Übernahme von Pflege.

Wenn man, so wie ich, mit 41 Jahren eine Krebs-Diagnose bekommen hat, wünscht man sich nichts sehnlicher, als alt zu werden. Tatsächlich freue ich mich über jedes neue graue Haar und jedes neue Fältchen. Ich bin nach vielen Therapien gesund, sofern man das nach einer Krebsdiagnose sagen kann. Wie vieles im Leben kommt es auf den Blickwinkel an, mit dem man etwas betrachtet. Schaue ich auf mein eigenes Leben, kann ich folgende Geschichte erzählen, die mich neben aller beruflichen Qualifikation zum Thema Pflege eine »betroffene« Sichtweise hat annehmen lassen.

Ich saß an einem heißen Sommerabend im Biergarten mit Freunden, als mich der aufgeregte Anruf meines Vaters erreichte. Meine Mutter war im Bad gestürzt und mit einem gebrochenen Sprunggelenk ins Krankenhaus gebracht worden, um dort am nächsten Tag operiert zu werden. Neben dem Schrecken und der Sorge ratterte sofort eine Liste für die Organisation einer eventuell nötigen häuslichen Versorgung in meinem Kopf los. Und als dann vier Tage nach der Operation meiner Mutter mein Vater ebenfalls notfallmäßig operiert werden musste, war es vorbei mit meiner inneren Balance. Manchmal kommt es eben »knüppeldick«.

Meine Eltern erholten sich zum Glück gut und konnten im Abstand von fünf Tagen wieder nach Hause zurückkehren … denn nichts anderes wollten die beiden. Verständlicherweise!

Doch die gesamte folgende Organisation der Betreuung nach der Entlassung kam einem Vollzeitjob nahe, da auch ihr Haushalt, Krankenbesuche und letztlich ja auch mein eigenes Leben zu managen waren. Mein Mann und mein Sohn waren mir dabei eine große Hilfe, und auch meine besten Freundinnen unterstützten mich tatkräftig, mit Informationen, Grüßen, guten Wünschen und sehr praktischen Hilfen.

So möchte ich an dieser Stelle ausdrücklich betonen, dass das soziale Umfeld ein extrem wichtiger Faktor für die eigene Balance ist. Und das eigentlich in allen Lebenslagen. Ich komme später darauf zurück …

Ein wenig hier noch zu meiner Person, da ich gerade von »Qualifikation« gesprochen habe. Vor meiner Erkrankung leitete ich viele Jahre eine stationäre Pflegeeinrichtung und eine Einrichtung für Betreutes Wohnen. Ich bin ausgebildete Krankenschwester für Intensivmedizin und Anästhesie und war über 30 Jahre lang im Gesundheitswesen tätig, davon 15 Jahre im Management.

Und selbst mit diesem theoretischen wie praktischen »Wissen« führte mich die Situation mit meinen eigenen Eltern an eine Grenze. Es war eine harte Zeit, aber ich möchte sie nicht missen, denn es war auch eine »reiche« Zeit. Eine Zeit voller Emotionen, Liebe und neuer Verbundenheit, Begegnungen, geschenkten Stunden und für mich selbst außerordentlich lehrreich in Sachen »Balance halten«.

Was ist das Besondere dieses Buches?
Nun, es gibt jede Menge sachliche, fachliche, beratende und romanhafte Literatur zum Thema Pflege (siehe auch meine Literaturempfehlungen am Ende des Buches), doch es gibt relativ wenig über die emotionale Komponente, über Tabubereiche: Scham, Ekel, Gewalt, Sexualität, Rollentausch, Einsamkeit. Diese Themen möchte ich nach einer allgemeinen Betrachtung des Themas in besonderen Fallgeschichten genauer anschauen, gerade weil sie schwierig sind. Denn es geht ja um uns sehr nahe stehende Menschen, um unsere Eltern, Schwiegereltern, Großeltern und Partner und möglicherweise um eine entscheidende Lebensaufgabe unsererseits.

Wenn Sie nun erwarten, dass ich in meinem Buch sagen werde, ob Sie Ihre Lieben pflegen sollen oder nicht, dann legen Sie es besser wieder weg, gehen einen Kaffee trinken oder verbringen einfach etwas Zeit mit Ihren pflegebedürftigen Angehörigen und reden miteinander. Denn dort und nur dort werden Sie die Antwort auf diese Frage finden.

Wenn Sie aber erwarten, dass Sie Wissenswertes, Informatives und Hilfestellungen zu den vielschichtigen emotionalen Themen der Angehörigenpflege finden, dann blättern Sie einfach weiter. Und wenn Sie – wie der Titel des Buches lautet – davon ausgehen, Ihre eigene Balance bei dieser Aufgabe zu behalten bzw. zurückzuerlangen, dann heiße ich Sie herzlich willkommen weiterzulesen.

Aus meinem eigenen Umfeld heraus habe ich für dieses Buch die unterschiedlichsten Gespräche geführt, um möglichst viele Aspekte zu beleuchten. Angefangen in meinem Freundes- und Bekanntenkreis, wo Versorgung, Pflege und Betreuung alter Eltern oder Partnerinnen aktuell Dauerthemen sind. Und sind wir ehrlich: Geht es Ihnen nicht auch so, dass Sie denken, jeder hat in irgendeiner Form damit zu tun? Ich sprach für dieses Buch aber nicht nur mit Betroffenen selbst, sondern auch mit Pflege-Profis, mit Fachleuten, die noch einmal wieder eine ganz neue und interessante Perspektive einnehmen.

Zum Schluss meines Vorwortes möchte ich nicht unerwähnt lassen, dass mir eine gendergerechte Sprache wichtig ist, ich aber sehr bewusst hier des Leseflusses wegen darauf verzichte. Pflege wird – auch im häuslichen Bereich – immer noch vorwiegend von Frauen erledigt. Wenn ich von Pflegenden, Angehörigen oder anderen Menschen schreibe, meine ich immer alle Geschlechter. **11**

Wenn von Eltern, die gepflegt, umsorgt oder »bekümmert werden«, gesprochen wird, sind auch Freunde, Freundinnen, Lebenspartner und Lebenspartnerinnen, Nachbarn, Schwiegereltern, Großeltern oder sonstige »Zugehörige« gemeint. Dieser Begriff gefällt mir besonders gut, denn er umfasst eigentlich am besten, wer alles gemeint ist. Denn jeder gehört (hoffentlich) zu jemandem!

Ich wünsche Ihnen Kraft, Ihre eigene innere Mitte zu finden und dass Ihnen mein Buch auf Ihrem Weg hilft.

Ihre

Corinna Rohröder-Wanka

Im Sommer 2019

EINLEITUNG

Deutschlands größter Pflegedienst:
Die Angehörigen

Wenn ich abends nach einem langen Tag am Schreibtisch in meiner Sofaecke kauere, weil ich Rückenschmerzen habe und meine Schulter schmerzt, bin ich in meiner Mobilität eingeschränkt. Ich kann vor Müdigkeit und Kreislaufproblemen nicht für eine ausreichende Nahrungs- und Flüssigkeitszufuhr sorgen und vergesse auch noch einen wichtigen Abendtermin: Ich bin in diesem Moment eigentlich »pflegebedürftig«.

Mit diesem Begriff assoziiert man als Erstes den Verlust von Selbstbestimmung, nachlassende kognitive und körperliche Leistungsfähigkeit und das Angewiesensein auf »fremde« Hilfe.

Mein Mann ist nicht fremd, er weiß, was ich brauche und kümmert sich um mich. Er bringt mir eine große Tasse Tee, ein Käsebrot, verschiebt den Termin und spricht mit mir über den Alltag. Er hilft mir in diesem Moment bei der Versorgung. Also wäre er ein pflegender Angehöriger. Falsch.

Wer »pflegebedürftig« und wer »pflegender Angehöriger« ist, regelt das Gesetz – genauer das Sozialgesetzbuch (SGB XI) – und nicht eine wiederkehrende momentane Befindlichkeit bzw. die Hilfsbereitschaft eines Familienmitglieds.

Zur Feststellung einer Pflegebedürftigkeit werden bei der Begutachtung durch den MDK – Medizinischer Dienst der Krankenkassen – sechs maßgebliche Module berücksichtigt, die die Selbstständigkeit bzw. die Fähigkeit betrachten, die für die Bewältigung des täglichen Lebens wesentlich sind. Erst dann kann eine Einstufung in einen der derzeit fünf Pflegegraden möglich gemacht werden. Das Ganze folgt einem nicht unkomplizierten Punktesystem. Detaillierte Infos dazu in den hinten genannten Internetquellen, bevorzugt auf den Seiten der Krankenkassen, die auch eine Vorbereitungs-Checkliste zur Einstufung bereithalten.

Nur durch diese Einstufung kann man gesetzlich geregelte Ansprüche finanzieller oder organisatorischer Art geltend machen. Und da fängt das erste Ungleichgewicht leider an, denn viele ältere Menschen wollen erfahrungsgemäß »niemandem zur Last« fallen – sogar nicht einmal dem Sozialsystem, selbst dann nicht, wenn sie ihr Leben lang in die gesetzliche (oder private) Krankenversicherung (bei der die jeweilige Pflegeversicherung angedockt ist) eingezahlt haben. Außerdem ist ja die Einstufung immer auch eine Bestätigung, dass man »hilfebedürftig ist« – und das ist natürlich ein Eingeständnis, zu dem man bereit sein muss. Daher stellen viele Pflegebedürftige erst gar keinen Antrag auf Leistungen der Pflegeversicherung oder untersagen es den Angehörigen, womit sie natürlich auch aus jeder Statistik herausfallen.

»Pflegebedürftigkeit« ist übrigens kein wissenschaftlich gesicherter Begriff. Er ist im Aushandlungsprozess um Art und Umfang der Leistungsgewährung entstanden. Da es auch um das Grundgesetz geht, das uns Würde, Respekt vor der Privatheit und Teilhabe garantiert, ist der Begriff »Lebensqualität« nicht weit. Und Lebensqualität und Balance gilt es für beide Seiten zu erhalten – für den Pflegebedürftigen und auch für den pflegenden An-/Zugehörigen. (vgl. auch »Siebter Bericht zur Lage der älteren Generation in der Bundesrepublik Deutschland, Drucksache 18/10210)

Die Sorge für und die Pflege von älteren (und kranken) Menschen ist eine gesellschaftliche, soziale und auch sehr persönliche Herausforderung.

Viele Menschen werden zu »Kümmerern« – sie versorgen, pflegen und sorgen für ihre alten und kranken Angehörigen. Wenn wir von »Pflege« sprechen, meinen wir in erster Linie die »berufliche, fachliche Pflege« von qualifizierten und geschulten Menschen. Bei dem Begriff (Für)Sorge geht es laut Definition um die »unbezahlte Familienpflege«.

»Pflege« meint also im allgemeinen Sprachgebrauch eher den körperlichen Aspekt und »Fürsorge« die emotionale und soziale Betreuung.

Manchmal entscheiden sich Angehörige dazu, »nur« einen Teil zu übernehmen – z. B. die Fürsorge, wie Begleitung bei Einkäufen, Taxidienste zum Arzt oder Freunden, Behördengänge, Haushaltsangelegenheiten und einfach oft auch das schlichte »Da-sein«.

Eine körperliche Pflege dagegen ist immer auch eine sehr intime, anspruchsvolle, emotionale und fachlich relevante Angelegenheit. Es ist absolut verständlich, wenn das nicht jeder übernehmen kann oder auf der anderen Seite auch nicht möchte, dass Sohn oder Tochter diesen Part übernehmen. Solche Entscheidungen auf beiden Seiten haben immer mit Würde und Respekt zu tun.

Oft wird aber auch beides übernommen. Es geht dabei um Beziehung und Verbundenheit, denn sonst ist die Nähe, die bei Fürsorge und Pflege nicht umgangen werden kann, unmöglich. Das macht es nicht unbedingt einfacher, denn Emotionen lassen sich schlecht steuern.

Wenn die Pflege der Eltern übernommen wird, macht man sich erst einmal keine Gedanken über die Dauer, denn meistens fällt eine solche Entscheidung aus einem relativ akuten Anlass. Die Wenigsten von uns wissen aber, dass die durchschnittliche Pflegedauer bei mehr als acht Jahren liegt – also von Beginn des »Ein-bisschen-Kümmerns und Nach-dem-Rechten-Sehens« bis zur Pflege und Betreuung rund um die Uhr.

Erschwerend hinzu kommen äußere Umstände, die nur mit großem Aufwand oder Einschränkungen veränderbar sind:

- Wer von uns wohnt in der unmittelbaren Nähe der Eltern (also weniger als 30 km entfernt) und kann jeden Tag mal »schnell« vorbeischauen?
- Wie ist so etwas mit dem Job vereinbar (egal ob in Teil- oder Vollzeit)?
- Wer von uns hat nicht auch noch eine eigene Familie und ein soziales Umfeld, Hobbys oder nebenberufliche Verpflichtungen?
- Wer von uns hat nicht möglicherweise schon selber alters- und gesundheitsbedingte körperliche oder seelische Einschränkungen, die eine Versorgung erheblich erschweren würden?
- Wer von uns ist in der Lage, die Eltern (oder -teile) zu sich ins Haus/Wohnung zu nehmen – bezüglich Größe und alten-/behindertengerechter Ausstattung – oder mag gar wieder ins (weit entfernte) Elternhaus zurückziehen?
- Wer von uns hat eine pflegerische Grundausbildung und/oder spezifisches Fachwissen in der Geriatrie?
- Wer von uns ist bereit und in der Lage, neben der (finanziellen) Unterstützung der eigenen Kinder seine pflegebedürftigen Eltern mit zu versorgen?

Das alles sind maßgebliche Kriterien, die bei einer Entscheidung für oder gegen die Angehörigenpflege greifen. Sie sollten alle wohlbedacht sein und im Vorfeld besprochen werden. Dazu eignet sich möglicherweise eine »Familienkonferenz« mit Geschwistern, Eltern, Kindern, Ehepartnern und anderen »Zugehörigen«.

Und ja, sehr oft ist es schließlich dann ein »Liebesdienst« oder ein »Ehrenamt« (in doppeltem Wortsinn), den bzw. das wir unseren Eltern erweisen, und es ist in der Regel auch ein unterbezahlter, höchst anspruchsvoller »Nebenjob«. Aktuell gelten 316 Euro, die die Pflegeversicherung an den Pflegebedürftigen mit (mindestens) Pflegestufe 2 »... zur Sicherstellung der ehrenamtlichen Pflege durch Familie, Freunde oder Nachbarn für den unermüdlichen Einsatz ...« weitergeben kann (Original-Zitat aus der Broschüre einer der größten Krankenkassen/Pflegeversicherung).

Etwas »charmanter« drückt es das Sozialgesetzbuch XI, §37 Art.1, Abs.1 aus: »Mit dem Pflegegeld soll der Pflegebedürftige in die Lage versetzt werden, Angehörigen, dem Lebenspartner und sonstigen Pflegepersonen eine materielle Anerkennung für die mit großem Einsatz und Opferbereitschaft im häuslichen Bereich erbrachte Pflege und Betreuung zukommen zu lassen.«

So liegt fast nahe, dass selbstverständlich davon ausgegangen wird, dass die Versorgung automatisch und ehrenamtlich eigentlich ja nur von Angehörigen übernommen werden kann. Ob Angehörigenpflege in den familiären Bereich oder in den staatlichen gehört, wird breit diskutiert, ist aber wohl noch »ergebnisoffen« ... Das ist in vielen europäischen Ländern, besonders in den Beneluxländern und in Skandinavien, völlig anders.

Viele pflegende Frauen (denn nach wie vor wird die Pflege überwiegend von Frauen übernommen) reduzieren ihre (bezahlte) Arbeitsstelle (und schaffen so Versorgungslücken in der eigenen Altersvorsorge) oder verzichten auf Freizeit und Erholungszeit für sich selbst.

Auch gesetzlich geregelt ist bei einem »plötzlichen Pflegefall«, dass man als Angehöriger bis zu zehn Tagen im Job pausieren kann. Dafür gibt es Lohn- bzw. Gehaltsfortzahlung von bis zu 90 % des Nettoeinkommens. Meistens wird vom Arbeitgeber eine Bescheinigung vom (Haus-) Arzt des Pflegebedürftigen gefordert.

Da aller Wahrscheinlichkeit nach eine Pflege (zu Hause) einen längeren Zeitraum in Anspruch nehmen wird, kann eine Pflegezeit von bis zu sechs Monaten (bei vollem Kündigungsschutz) beansprucht werden. Hierbei kann man sich auch nur teilweise freistellen lassen.

Eine sogenannte »Familienpflegezeit« kann/muss man bei Bedarf direkt im Anschluss beantragen (es darf keine Pause dazwischen sein). Die gesamte Dauer darf nicht mehr als maximal 24 Monate betragen, allerdings muss man bis zu 15 Wochenstunden wieder berufstätig werden. Für diese beiden Varianten gibt es keine Lohn- oder Gehaltsfortzahlung.

Relativ neu ist der Anspruch auf ein zinsloses Darlehen des Bundes. Es deckt derzeit zwischen mindestens 50 Euro und maximal der Hälfte des durch die Arbeitszeitreduzierung fehlenden Nettogehaltes ab und wird in monatlichen Beträgen ausgezahlt. Nach Ende der Pflegezeit muss der Betrag in Raten zurückgezahlt werden. Bei besonderen Härtefällen, z. B. eigenen Erkrankungen (die bei pflegenden Angehörigen gar nicht so selten sind) kann die Rückzahlung des Kredits erlassen werden.

Wenn man sich intensiv um einen »nahen Angehörigen« (dieser Begriff umfasst auch Stiefeltern, Schwager oder Schwägerin, sowie lebenspartnerschaftliche Gemeinschaften) in der letzten Lebensphase kümmern will (wenn der Angehörige z. B. im Hospiz ist), kann man sich bis zu drei Monaten von der Arbeit freistellen lassen. Einen generellen Rechtsanspruch gibt es nicht, da nur Betriebe mit mehr als 16 Beschäftigten Pflegezeit – und/oder Familienzeit (ab 26 Beschäftigten) gewähren müssen.

Es ist also nicht gerade einfach, zeitliche Ressourcen zu schaffen und immer mit viel Bürokratie und ganz sicher finanziellen Einbußen verbunden. Das ist gerade für uns als sogenannte »Sandwich-Generation« nicht unwesentlich, da wir sehr oft noch schulpflichtige oder studierende Kinder finanziell, emotional und ggf. mit Wohnraum unterstützen. Wenn dann noch pflegebedürftige Eltern dazukommen, wird es in vielen Familien im Wortsinn finanziell und räumlich »eng«.

Die Mehrfachbelastung psychischer und physischer Art führt wiederum zu Folgeerkrankungen, und nicht selten werden die Pflegenden dann selber zu Pflegebedürftigen, denn Stress macht bekanntermaßen krank. Im Englischen gibt es den Begriff des »caregivers stress«, der betrifft alle, die sich Tag und Nacht um kranke und hilfebedürftige Angehörige ohne Wertschätzung und Erholungsmöglichkeiten kümmern und dann selber krank werden.

Und dennoch – Frauen sind und bleiben im Augenblick Deutschlands größter Pflegedienst. Laut Barmer Pflegereport von 2018 übernehmen Töchter, Schwiegertöchter,

Enkelinnen oder Ehefrauen zu 90 % die Pflege der über 75 % Menschen, die zu Haus versorgt werden. Das waren 2017 etwa 2,47 Millionen. Geschätzt wird ein Anstieg auf 4,07 Millionen im Jahr 2030 und ca. 5,32 Millionen in 2050. Ganz allgemein sind von allen »Hauptpflegenden« 14,4 % bis 49 Jahre, 26 % bis 59 Jahre, 25,7 % bis 69 Jahre, 16,2 % bis 79 Jahre und 17,7 % älter als 80 Jahre.

Pflege ist also – wie gesagt – »weiblich«, und das neben der Angehörigenpflege auch in ambulanten Diensten, stationären Einrichtungen oder Krankenhäusern. Warum? Weil wir Frauen das sowieso schon immer gemacht haben? Weil wir ja auch unsere Kinder großgezogen haben? Schließlich haben wir auch bei unseren Söhnen und Töchtern »Windeln« gewechselt, sie gebadet und gefüttert. Bei erwachsenen pflegebedürftigen Menschen sind es aber keine Windeln, sondern Inkontinenzmaterialien …, um es einmal drastisch auf den Punkt zu bringen.

Wo bleiben also die Männer? Es gibt zunehmend mehr Väter, die Elternzeit für sich entdecken, und die sozialen Medien sind voll von Männern, die stolz mit ihren Kindern am Herd oder im Supermarkt zu sehen sind. Leider gibt es nur selten Bilder, die zeigen, wie ein Mann seinen alten Vater wäscht oder seiner dementen Mutter das Essen anreicht. Die Frage nach dem »Warum« drängt sich mir hier förmlich auf, und so hoffe ich weiter, dass sich auch in diesem Zusammenhang ein Wandel vollziehen wird.

Um die Warum-Frage intensiver zu beleuchten, gibt es umfassende (soziologisch-gesellschaftswissenschaftliche) Literatur. Fakt bleibt aber, dass Frauen (immer noch) meistens schlechter bezahlt werden und/oder in Berufen mit deutlich niedrigerem Einkommen arbeiten. Die »Ernährer« der Familie sind nach wie vor überwiegend Männer. Da es sehr häufig zu einer Reduzierung der Arbeitszeit aufgrund der Intensität der Pflege kommt, wird das »automatisch« von Frauen erwartet. Pflegende Männer sind häufig selber bereits aufgrund ihres Alters aus dem Beruf ausgestiegen (Ehegattenpflege).

Wer aus seinem Job (befristet) aussteigt bzw. pausiert, um sich um seine Kinder zu kümmern, bekommt vom Staat Elterngeld und zwar aktuell bis zu 1.800 Euro monatlich. Wer sich um seine pflegebedürftigen Angehörigen kümmert, bekommt je nach Pflegegrad zwischen 316 und 901 Euro, die anteilig gekürzt werden, wenn ein ambulanter Pflegedienst mithilft.

Ich habe die Erfahrung gemacht, dass Männer anders als Frauen pflegen. Mein Gefühl ist, dass sie weniger zeitintensiv, dafür aber strukturierter vorgehen. Allerdings – auch mein persönliches Gefühl – überschätzen sich viele Männer und stoßen schneller an ihre Grenzen. Warum das so ist, ist erst einmal Spekulation – Forschungen dazu gibt es bisher kaum. Und interessanterweise gibt es tatsächlich auch Hilfeangebote speziell für pflegende Männer (z. B. von der Gemeinschaft katholischer Männer Deutschlands oder in der Männerarbeit der EKD). Dass auch hier ein gesellschaftliches Umdenken im Rollenverständnis stattfinden muss, liegt auf der Hand.

Überproportional viele Hauptpflegepersonen kommen aus der Pflege- oder Sozial-Branche. Das kann eine große Hilfe sein, da die beruflichen Erfahrungen bei Antragsstellungen, anderen bürokratischen Arbeitsschritten oder bei den eigentlichen Pflegeanforderungen alles einfacher machen. Andererseits ist die »Erwartungshaltung« des sozialen Umfeldes auch entsprechend höher.

Interessant ist auch, dass etwa 67,8 % der Hauptpflegepersonen mit dem Pflegebedürftigen in einem Haushalt leben (und ca. 15 % zu Fuß den Pflegeort erreichen können). Die Wenigsten können für eine längerfristige Entlastung sorgen und nur knapp 30 % können problemlos eine kurzfristige Vertretung finden. Dabei ist hinlänglich bekannt, dass pflegende Angehörige regelmäßige »Auszeiten« zur Regeneration dringend brauchen. Auch hier gibt es offensichtlich noch reichlich Handlungsbedarf.

Unterstützung können pflegende Angehörige durch Familie, Freunde, Nachbarn, ehrenamtliche Hilfsdienste und externe Hilfen, wie Pflegedienste oder Haushaltshilfen bekommen. Fast 12 % fühlen sich ... alleingelassen ... und das ist auch schon ein Ausdruck für das hohe Belastungspotenzial der Übernahme häuslicher Pflege.

Umso deutlicher stellt sich mir hier die Frage nach der Motivation, Angehörige zu pflegen. Dazu in den folgenden Kapiteln mehr ...

Entlastungsmöglichkeiten der Pflegenden durch ambulante Pflegedienste werden laut Barmer Pflegereport 2018 zu etwa einem Drittel genutzt. Dabei ist zu berücksichtigen, dass die meisten Pflegedienste (je nach Pflegegrad) weniger als eine Stunde vor Ort sind. Das heißt, es bleiben 23 Stunden Betreuung, Fürsorge und Pflege weiterhin in der Verantwortung der Angehörigen.

Insbesondere Tagespflegeplätze sind sehr knapp (es gibt sicher regionale Unterschiede, und Nachtpflege gibt es laut Pflegereport so gut wie gar nicht). Ich selber wurde von vier Pflegediensten wegen Personalmangels abgelehnt, als ich für meine Eltern (nur für sechs Wochen) einen ambulanten Pflegedienst in der Stadt suchte ...

Pflege ist also eine Herausforderung – in vielerlei Hinsicht. Nun hat jeder seine eigene »Belastungsgrenze«, also den Punkt, wenn das Engagement ins Negative kippt. Das ist eine schwierige Situation für beide Seiten, denn wir erkennen nicht immer schnell genug, dass wir eine Grenze erreicht oder gar überschritten haben. Aber auch auf der Seite der Pflegebedürftigen gilt natürlich: Wer möchte schon gerne eine Belastung für die Familie sein?

Wann erkennt man also eine Überlastung, was sind die Anzeichen dafür?

Es sind in der Regel ganz allgemeine »Burn-out-Symptomatiken« wie Gereiztheit, Ungeduld, Aggression in Gedanken und Taten, Erschöpfung, Ängste, Schlafstörungen, Essstörungen, depressive Phasen. Körperlich macht sich eine zu hohe Belastung bemerkbar durch: allgemeine Schmerzsymptomatik (Rücken, Kopf, Gelenke), Herz-Kreislauf-, Magen- und Verdauungsbeschwerden, Bluthochdruck.

Gründe für die Belastungen, die sich auch noch gegenseitig bedingen und beeinflussen, sind so individuell wie jede einzelne Geschichte. Ich möchte hier fünf wichtige Merkmale nennen:

1. Sozial: Veränderungen der Lebensplanung, neue, unbekannte Situation, familiäre Konflikte und Beziehungsprobleme, bürokratische Hürden und fehlende Anerkennung.
2. Finanziell: Veränderungen im Wohnumfeld, Einbindung von »Entlastungshilfen (Pflegedienste), Probleme bei der Vereinbarkeit mit dem Beruf.
3. Zeitlich: Notwendigkeit der (permanenten) Verfügbarkeit/Anwesenheit erhöht sich deutlich.
4. Physisch: Mangelndes Wissen über Pflege(-Techniken), Heben und Tragen, unstrukturierte Arbeitsorganisation, Schlafmangel.
5. Psychisch: Schuldgefühle, schlechtes Gewissen, Verunsicherung, Veränderung der vertrauten Person, Ängste, Sorgen, Isolation, Auseinandersetzungen mit Tod und Krankheit.

Es ist klar, dass, je höher der Pflege- und Betreuungsbedarf ist, die Belastung entsprechend ansteigt. Daher werden Entlastungs- und Unterstützungsangebote proportional mehr in Anspruch genommen, je höher der Pflegegrad ist.

Bei den Belastungen durch die Pflege unterscheidet der Barmer Pflegereport psychische und körperliche Belastungen. Aus meiner Erfahrung heraus und aus Gesprächen mit anderen Pflegenden bedingen sich eigentlich immer beide. In der angespannten Situation mit meinen Eltern war die körperliche Belastung bei mir »nur« das ständige »Unterwegssein«. Ich nahm in knapp vier Wochen vier Kilo ab. Ich hatte keine Zeit zum Essen, und wenn dann aus psychischen Gründen keinen Appetit.

Es werden weitere Belastungen beschrieben, die auch häufig in meinen Gesprächen mit den Pflegeprofis zur

Sprache kamen. Dazu gehören, dass sich die Pflegenden müde, überlastet, alleingelassen, unverstanden und fremdbestimmt fühlen. Oft hörte ich den Begriff »Kontrollverlust«. Die pflegenden Angehörigen müssen mit ihren Emotionen wie Trauer, Wut und Zukunftssorgen umgehen, ohne adäquate Unterstützung zu erhalten. Wenn es Angebote gibt, fehlt die Zeit, denn man muss ja immer für eine »Vertretung« sorgen. Eine Spirale ...

Umso interessanter ist es dann, abschließend nun einen Blick auf die folgenden Zahlen zu werfen, ein wichtiger Aspekt, damit Sie persönlich – wenn Sie mögen – sich einordnen können: Trotz aller genannten Schwierigkeiten heißt es, dass 87 % der Pflegenden meistens oder sogar immer »mit der Pflege gut zurechtkommen«. 15 % haben aber häufig ein schlechtes Gewissen, den Ansprüchen nicht gerecht werden zu können. 20,4 % empfinden die Pflege meistens oder immer als zu anstrengend, und bei 7,4 % treten Probleme mit der Familie auf. Sogar 22,7 % berichten von negativen Auswirkungen im Freundeskreis. Fast 10 % geben regelmäßige finanzielle Probleme an, und knapp 30 % fühlen sich gefangen in der Pflegesituation, auch oder weil 13,8 % regelmäßig Dinge in der Pflege übernehmen, die Scham oder Ekel auslösen.

Nach dieser theoretischen Betrachtung der Pflegesituation komme ich nun zu meinen Beispielgeschichten, die den praktischen häuslichen Pflegealltag spiegeln. Sicher finden Sie sich in der einen oder anderen Situation wieder ...

KAPITEL 1

Alltag und Probleme
der Pflegenden

Ein wirklicher Profi in Sachen Pflege wird mal wohl erst dann, wenn man diese Rolle selbst einnimmt. Ich hatte mich aufgrund meiner Ausbildung eigentlich schon vor der »Sommergeschichte« mit meinen Eltern, die ich in meinem Vorwort erzählt habe, für einen Profi gehalten, aber weit gefehlt. Denn es stellten sich so viele Emotionen sowohl bei mir als auch meinen Eltern ein, dass ich bei aller Professionalität an eine Grenze stieß.

Wie sich ein Alltag mit Pflegebedürftigen anfühlt, mit welchen Problemen man zu kämpfen hat, lernte ich in den gut sechs Wochen kennen, als ich mich um meine Eltern kümmerte. Ich wusste, dass es eine begrenzte Zeit sein würde, weil sie beide sich mehr oder weniger vollständig erholen würden. Es waren keine dauerhaften invasiven Veränderungen in der Häuslichkeit nötig, denn das Pflegebett, das kurzfristig im Esszimmer im Erdgeschoss stand, weil meine Mutter zuerst keine Treppen steigen konnte, wurde nach sechs Wochen wieder abgeholt. Ich hatte also »nur« eine begrenzte Zeit mit dem Wissen, das mein gewohnter Alltag wiederhergestellt werden würde.

Doch das ist wohl bei den Wenigsten der Fall. Denn das Ungleichgewicht zeigt sich erst im immer wiederkehrenden Alltag. Ich war z. B. ziemlich genervt und verärgert über den ambulanten Pflegedienst, der sich nicht wirklich an die vereinbarten Termin hielt. Natürlich habe ich Verständnis, dass es mal Notfälle gibt und auch, dass ein Sterbender (hoffentlich) mehr Zeit bekommt als normalerweise. Dennoch brachte es unseren Rhythmus häufiger ziemlich durcheinander. Wir erfuhren einen »Kontrollverlust«, denn wir hatten diese zeitlichen Abläufe nicht in der Hand. Für mich »Kontrollfreak« der Supergau. Es fiel mir auch nicht immer leicht, entspannt und gelassen zu wirken, um meine Eltern nicht zu beunruhigen, oder mich an ihren Tagesrhythmus (z. B. Essens- oder Schlafenszeiten) anzupassen. Alltag mit all seinen Emotionen und Befindlichkeiten ist eben genau die Herausforderung, die nicht kalkulierbar bzw. kontrollierbar ist.

Vielen meiner Interviewpartnern ging es wohl ähnlich. Oft waren es nicht die praktischen Probleme, die die größten Sorgen machten, sondern der Umgang mit den eigenen Gefühlen, Werten und Auffassungen und denen der Pflegebedürftigen.

1 »IHR LACHEN VERLIEH MIR FLÜGEL«
Über Rituale, Würde und Humor

....

»Als ich morgens mit dem Kaffee in der Hand an dem neu herge-
richteten Zimmer für meine demente Mutter in unserem Haus
vorbeiging, hörte ich sie schon kichern. Ich war sehr müde, denn
ich war in der Nacht – wie so häufig – zweimal aufgestanden,
weil sie nach ihrer Mama rief. Die ist natürlich schon lange tot ...
Als ich das Zimmer betrat, saß sie splitterfasernackt in ihrem
Bett und hatte eine Inkontinenzunterlage wie eine Hose zu-
sammengeknotet und eine weitere wie einen Umhang um sich
geschlungen. Sie lachte laut auf, als ich mit dem Kaffee in ihr
Zimmer kam. Ob ich wollte oder nicht – ich musste mitlachen.«

Vera ist 48 Jahre alt, als sie ihre Mutter Lilli in ihr gro-
ßes Haus holt. Die eigenen Kinder sind erwachsen, aber
zwei Pflegekinder und zwei große Collies leben zurzeit in
dem lebhaften Haushalt von Veras Familie. Veras Mutter
wohnte bisher alleine in einem Haus in einem kleinen
Ort etwa 30 km von ihrer Tochter entfernt. Lilli hatte
diverse kardiale Vorerkrankungen, Durchblutungsstörun-
gen und eine durch einen Sturz verursachte Schulterfrak-
tur, als Vera sich gemeinsam mit ihrem Ehemann dazu
entschließt, erst einmal »vorübergehend« die Mutter zu
sich zu nehmen.

Veras Mann bringt die Lieblingsmöbel und ein paar
persönliche Gegenstände von Lilli in das neue Zimmer.
Das soll so ziemlich die einzige Hilfe sein, die er anbieten
kann. Er ist der Pflege und den Verwirrtheitszuständen
von Veras Mutter nicht gewachsen und zieht sich aus dem
Pflegearrangement komplett zurück. Knapp drei Monate

vor dem Tod von Lilli betritt er ein letztes Mal ihr Zimmer. Vera leidet unter der mangelnden emotionalen Unterstützung durch ihren Mann.

Vera »verkauft« ihrer Mutter den Umzug als vorläufige Übergangslösung, bis es ihr wieder besser geht. Darauf lässt sich Lilli problemlos ein, und tatsächlich kann die damals 87Jährige noch einmal für sechs Wochen in ihr eigenes Haus zurück. Die schon erahnte beginnende Demenz bestätigt sich in dieser Zeit, und Vera holt ihre Mutter dann endgültig zu sich zurück.

»Der ausschlaggebende Moment war, als ich sie in ihrem Haus besuchte und sie mit einem grellen, pinkfarbenen Pullover, den sie nur über den Kopf gezogen hatte und Stöckelschuhen am Rollator durch die Blumenbeete in ihrem Garten lief und irgendetwas suchte. Ich habe die ganze Zeit vermutet, dass sie zusätzlich noch eine Demenz hat. Sie konnte das aber sehr gut vor mir verbergen. Die Entscheidung war also eher fließend, und das war gut so.

Meine Mutter zog ohne viel Aufhebens wieder bei uns in das Zimmer, das ja schon soweit hergerichtet war, ein. Ab da schrumpfte mein Alltag. Ich war rund um die Uhr beschäftigt. Nicht nur mit der Pflege – da hatte ich tatsächlich viel Unterstützung durch meine Kinder. Meine Tochter, die gerade eine Ausbildung in der Krankenpflege machte, gab mir viele nützliche Tipps und praktische Ratschläge. Mein ältester Sohn unterbrach sogar seine Weltreise, um bei seiner Oma zu sein, und mein jüngster Sohn reiste oft aus Süddeutschland an. Die Enkelkinder hatten immer einen guten Draht zu ihrer Oma, und für mich war es eine wunderbare emotionale und praktische Unterstützung.

Durch Nachbarn und Freunde, die meine Mutter zu Beginn der Pflegezeit noch regelmäßig besuchten, gab es auch außerfamiliäre Kontakte. Ich hatte einen ambulanten Pflegedienst, der morgens und abends die Grundpflege übernahm, und es gab ehrenamtliche Seniorenbegleiter, die zweimal die Woche kamen. Dennoch war ich so eingespannt mit Administration und Organisation von Hilfsmitteln, Inkontinenzartikeln, Telefonaten mit der Krankenkasse und den Lieferanten. Jeden Tag hatte ich mindestens zwei Maschinen Wäsche – und das war nur die praktische Arbeit. Die Arbeit mit meinen Gefühlen erledigte ich nachts ...

Ich existierte für meinen Freundeskreis nur noch online. Ich war einsam. Die Stunde Waldspaziergang mit den Hunden war mein emotionaler Ausgleich. Dort konnte ich im Wortsinn »durchatmen«.

Rückblickend auf diese Zeit kann ich aber sagen, dass es ein »Zuviel« nicht gegeben hat, denn trotz der physischen und psychischen Grenzen, die ich sehr deutlich an mir wahrnahm, war das Dreivierteljahr, in dem ich meine Mutter pflegte, geprägt von Dankbarkeit, Intimität, Wiederentdeckung und »Wurzelarbeit«. Durch ihre Verwirrtheitszustände kamen sehr viele Dinge aus meiner Kindheit wieder zu Tage, für mich eine Art Wegweiser. Ich konnte viele Dinge plötzlich besser verstehen.«

Wie Sinn stiftend eine so schwere Pflegesituation sein kann, hat Vera in den Monaten des Abschiedes von Lilli erfahren. Sie beschreibt es als »reiche« Zeit.

Lilli sagte einige Sätze, die bis heute eine wichtige Rolle in Veras Leben spielen. In einem lichten Moment sogar: »Du bist meine geliebte Tochter« – und dann war der Moment auch schon vorbei. Die Wertschätzung ihrer Mutter bedeutet Vera viel. So konnten alte Wunden heilen. »Es wurde vieles geradegerückt«, beschreibt es Vera. Sie empfand tiefes Vertrauen, das alles gut werden würde und Dankbarkeit für die Zeit, die sie mit ihrer Mutter noch verbringen konnte. Die beiden Frauen entwickelten in der Pflege Rituale, die sie eng miteinander verband und beiden das Gefühl von Struktur, Vertrautheit, Würde, Intimität und auch Spaß vermittelten. Eines davon war das Duschen und die anschließende Frisier-Aktion:

»Ich erinnere mich, dass es ihr immer wichtig war, dass ihre Haare gut saßen. Als ich ihr zu Beginn nach dem Duschen Lockenwickler in ihre Haare drehte, schimpfte sie die ganze Zeit mit mir, dass das so nicht richtig war. Also fing ich von vorne an, und wir lachten die ganze Zeit, dass so einfache Dinge für mich nur mit ihrer Hilfe gelangen ... Es waren ganz besondere Momente, die ich in meinem Gedächtnis als wertvollen Schatz gespeichert habe ... Ihr Lachen verlieh mit Flügel.«

Humor, lachen, albern sein und dennoch würdevoll und respektvoll miteinander umgehen, ist eine Form von Zugang, mit dem Demente gut erreicht werden können. Vera, die immer viel zu lachen scheint, konnte das für sich und ihre Mutter nutzen. Das heißt nicht, dass es nicht auch ernste Gespräche gab. »Wurzelarbeit« nannte es Vera und meint damit eine Reise in die Vergangenheit gemeinsam mit ihrer Mutter. »Biografiearbeit« ist der fachliche Ausdruck dafür. Gemeinsames Erinnern, Erzählungen aus der Vergangenheit, das Betrachten alter Fotoalben oder Videos, gemeinsam alte Filme anschauen oder alte Lieder singen. Lilli kannte als früher fleißige Kirchgängerin alle Kirchenlieder, die Vera und die Enkelkinder mit ihr sangen. Lilli, die immer gerne gekocht hatte, konnte sich sehr über die Gerichte, die ihr von ihrer Tochter gebracht wurden, freuen. Sie kannte einige Rezepte auswendig und ließ sie von Vera aufschreiben. Wenn Vera ihr dann das Essen nach dem am Vormittag aufgeschriebenen Rezept brachte, hatte Lilli bereits den Vorgang von vor wenigen Stunden vergessen.

»Es war überhaupt nicht immer leicht – auch wenn wir oft Spaß hatten. Ich litt sehr unter der sozialen Einsamkeit – hatte nur noch wenig Kontakt zu Freunden bzw. der Außenwelt. Alles fokussierte sich auf zu Hause und meine Familie – besonders auf meine Mutter. Ich war an meinen Grenzen und überschritt sie auch manchmal. Aber durch die Hunde fand ich bei den Spaziergängen wieder zurück. Die beiden Collies lagen auch oft im Zimmer meiner Mutter und bewachten sie. Eines Nachts weckte mich meine Mutter mal wieder durch lautes Rufen. Sie war komplett ausgezogen und brauchte dringend eine Dusche. Als wir im Bad waren, spürte ich eine unendliche Erschöpfung. Ich wusste, dass es jetzt nichts mehr zu tun gab – das alles erledigt war. Ich brachte sie zurück in ihr Bett, deckte sie zu und küsste sie auf die Stirn. Als ich ihr Zimmer verließ, sagte ich einem Impuls folgend: »Mutti, ich glaube wir sind jetzt mit allem fertig.« Sie lächelte und winkte mir noch einmal zu …

Am nächsten Morgen verschlief ich. Das passierte mir sonst nie. Aber anscheinend war ich so müde, dass ich meinen Wecker nicht hörte. Als ich zum Zimmer meiner Mutter ging, wusste ich, bevor ich die Tür öffnete, dass sie gestorben war. Sie war in der Nacht friedlich eingeschlafen. Ich setzte mich zu ihr und weinte …«

So ähnliche Geschichten hört man öfter. Es scheint, als warteten die Sterbenden noch auf jemanden oder auf die »Erlaubnis« zu gehen. Ist dann die erwartete Person da und alles gesagt, können sie sich endgültig von der Welt verabschieden.

Bei Lilli und Vera war es keine lange Zeit der Pflege. Wie schon gesagt: Etwa ein Dreivierteljahr lebte Lilli im Haus ihrer Tochter. Es war eine intensive Zeit. Die Arbeit in der direkten körperlichen Pflege konnte Vera an Profis delegieren. Ihr blieb Zeit für die organisatorischen Dinge und die »Beziehungsarbeit«, die aber nicht minder anstrengend war – und trotzdem »ein Geschenk«, wie sie selber sagt.

Die soziale Isolation von den Freundinnen und die eingeschränkte Unterstützung durch den Partner ist keine Seltenheit. Der Austausch mit einer Freundin oder anderen Betroffenen kann sehr hilfreich sein. Es lässt sich vieles etwas leichter ertragen, wenn man weiß, dass es anderen ähnlich geht. Freundinnen, die entlasten oder ablenken, sind in allen schwierigen Zeiten ein Segen.

Die Schwierigkeiten und der immense und nervenaufreibende Aufwand an »Organisation der Pflege« in Bezug auf Anträge, Kostenübernahme, Telefonate mit Hausärzten, Apotheken u. Ä. sprechen viele pflegende Angehörige an, so wie Vera. Hier gibt es zurzeit noch wenige Alternativen, das Ganze »in eine Hand« zu legen. Teilweise übernehmen die ambulanten Pflegedienste die Gespräche und Verordnungen mit den Hausärzten und den hiesigen Apotheken und Sanitätshäusern, aber das ist regional sehr unterschiedlich. So musste Vera fast täglich mehrere Stunden

»Büroarbeit« einlegen, um Kosten und Lieferungen von Pflegematerialien zu koordinieren. Ein mühseliges Geschäft und wertvolle Zeit, die sie lieber zur eigenen Entspannung hätte nutzen können.

Nicht jeder hat die zeitlichen Ressourcen, mehrere Stunden Büroarbeit zu erledigen, besonders dann nicht, wenn man berufstätig ist. Trotzdem blickt Vera dankbar zurück:

»Was mir immer in Erinnerung bleiben wird, ist ihr Lachen!«

Gerda und Hermann sind seit fast 59 Jahren verheiratet. Sie leben alleine in einem großen Einfamilienhaus mit Garten, der früher mit Gemüse, Obstbäumen und Beerensträuchern sehr zur Freude der Kinder und Enkelkinder gehegt und gepflegt wurde. Heute ist er verwaist – so wie Gerda und Hermann. Kinder und Enkelkinder leben weit weg und kommen nur sporadisch zu Besuch – je nachdem, wie ihr Alltag es zulässt.

Hermann ist pflegebedürftig mit Pflegegrad 4, dement und eher lethargisch. Gerda versorgt ihn, so gut sie kann, aber auch sie beginnt sich zu verändern ...

Es ist Montagnachmittag. Joachim, einer von drei Söhnen, kommt heute zu Besuch. Er hat beruflich in der Nähe zu tun. Als seine Mutter ihm die Tür öffnet, nimmt er sofort etwas Besonderes wahr. Ein unangenehmer Geruch. Nach einer kurzen Umarmung seiner Mutter geht er ins Wohnzimmer, wo das Pflegebett seines Vaters steht. Das Bettgitter, die Bettwäsche und die Hände seines Vaters sind mit Kot beschmiert. Als er seine Mutter fragt, was denn da los sei, bricht Gerda in wirres Lachen aus und sagt: »Das scheint der Schokoladenpudding vom Mittag zu sein ...«

»Ich habe mich so geekelt«, erzählt mir Joachim. »Der Geruch war furchtbar, und ich wollte eigentlich nur noch weglaufen. So wollte ich meinen Vater nicht sehen. Aber noch mehr erschreckte mich das Verhalten meiner Mutter.

Stattdessen habe ich meinen Vater mit allergrößter Überwindung gewaschen, so gut ich es eben konnte, und meine

37

Mutter gebeten, das Bett frisch zu beziehen. Ich habe mich geschämt, meinen Vater nackt und so beschmutzt zu sehen. Ihm hat das offensichtlich nichts ausgemacht, denn er erzählte mir von der netten Schwester Irina, die das aber viel besser als ich könne. Als meine Mutter das hörte, sagte sie, dass sie total sauer auf meinen Vater wäre, weil er eine Affäre mit Schwester Irina von dem ambulanten Pflegedienst habe. In diesem Augenblick wurde mir drastisch klar, dass auch meine Mutter nicht mehr in der Lage war, sich angemessen um meinen Vater und sich selbst zu kümmern. Auch sie schien geistig verwirrt. Ich musste also dringend etwas tun. So sollten meine Eltern nicht leben und alt werden müssen.«

Ein schlechtes Gewissen, Ekel und Scham sind keine angenehmen Gefühle, besonders nicht Menschen gegenüber, die wir lieben. Joachim ist nach einiger Zeit in der Lage, seine Gefühle einzuordnen und zu benennen. Es tut ihm fast körperlich weh, seine Eltern so zu sehen, und es erschreckt ihn, dass beide nicht mehr dazu in der Lage sind, wahrzunehmen, wie furchtbar die Situation ist, denn früher waren seine Eltern sehr auf Ordnung und Sauberkeit bedacht. Über seine Scham, den Vater nackt und beschmutzt zu sehen, setzt er sich mit Mühe hinweg und verdrängt diese Gefühle. Er liebt seine Eltern, die Zeit ihres Lebens so viel für ihre Kinder getan haben. Alle drei Söhne haben ihren Eltern viel zu verdanken, daher rührt auch das schlechte Gewissen von Joachim, der das Gefühl hat, undankbar zu sein, weil seine Eltern nun in einem solchen Zustand leben.

Joachim erlaubt sich erst später eine gewisse Toleranz, denn sein Verständnis von Sauberkeit ist offensichtlich nicht das, was seine Eltern nun im Alter für sich haben. Das heißt nicht, dass er seine Eltern in einem solchen Zustand lassen möchte. Er vereinbart einen Gesprächstermin mit dem ambulanten Pflegedienst, wobei Schwester Irina eine fest verschließbare Inkontinenzhose für Hermann vorschlägt, mit der Pflegeversicherung über die Kostenübernahme spricht und sie auch umgehend bestellt.

Auf die »Affäre« angesprochen, bricht die Pflegekraft in Lachen aus. »Solche Behauptungen sind der beginnenden Demenz Ihrer Mutter geschuldet, aber tatsächlich lachen Ihr Vater und ich oft bei der Pflege miteinander. Das interpretiert Ihre Mutter wohl als Flirt. Aber gut, dass Sie es ansprechen. Ich werde Ihre Mutter in Zukunft mehr in unsere Gespräche mit einbeziehen. Vielleicht verliert sich dann diese Sorge.«

Dass Schwester Irina so eindeutig von einer beginnenden Demenz seiner Mutter spricht, erschreckt Joachim ebenfalls. Je länger er darüber nachdenkt, desto klarer wird ihm, dass das unangemessene Verhalten seiner Mutter erste Symptome sind. Er wollte es nicht wahrhaben oder hat es verdrängt, dass auch seine Mutter erkrankt ist. Er musste erst lernen, die neue Situation zu akzeptieren und tolerieren.

Joachims Toleranz bezieht sich auch darauf anzuerkennen, dass es das Altern seinen Eltern ist und nicht seines. Er hat das Gefühl, dass er »etwas tun muss«, aber die beiden wollen das gar nicht. Hier hilft die Erkenntnis, dass Gerda und Hermann andere Vorstellungen haben als Joachim, auch wenn sie dement sind. Sie fühlen sich wohl in ihrem Haus, selbst wenn die Versorgung nicht Joachims Vorstellungen entspricht.

Die beiden wollen unbedingt in ihrem Haus bleiben und dort gemeinsam ein Gefühl von Alltag und Normalität aufrechterhalten, solange es irgendwie geht. Damit muss Joachim Abstriche bei seinem eigenen Verständnis von Tagesabläufen, Hygiene und Versorgung machen. Nur weil er jeden Tag eine Dusche braucht, heißt das noch lange nicht, dass seine Eltern das auch wollen. Und sein durchstrukturierter Arbeits-Alltag hat definitiv nichts mit dem seiner Eltern zu tun. Aus Respekt und Liebe wird er Dinge zulassen müssen, die nicht unbedingt seinen Vorstellungen entsprechen.

Praktische Hilfe gibt es von Schwester Irina und dem ambulanten Pflegedienst. Die Inkontinenzhosen tun das, was sie tun sollen, und Hermann kann sich damit nicht mehr entkleiden. Der Pflegedienst kommt jetzt drei Mal am Tag, um die Hosen zu wechseln, und auch für Gerda wird ein Pflegegrad beantragt.

Es ist die größte Kunst, aus Liebe und Respekt seinen Eltern gegenüber, die eigenen Erwartungen und Bedürfnisse für das Altern herunterzuschrauben und zuzulassen. Die Pflegebedürftigen selbst haben in den meisten Fällen eine andere Sichtweise auf die eigene Situation. Sie fühlen sich in der vertrauten Umgebung wohl, wissen, wo die Kaffeetassen stehen und kennen ihre Nachbarin, mit der sie über den Gartenzaun plaudern können. Gerda und Hermann wären hilfloser in einem Pflegeheim.
    Joachim und seine Brüder beraten sich, welche flankierenden Maßnahmen sie ermöglichen können, um auch die Einsamkeit der Eltern zu minimieren. Es besteht auf Grund der örtlichen Trennung keine Möglichkeit, selber

öfter vorbeizukommen. Das muss Joachim für sich tolerieren und aushalten. Ein ehrenamtlicher Besuchsdienst der Kirchengemeinde kann aktiviert werden, so dass Hermann und Gerda einmal die Woche Besuch von geschulten und vertrauten Menschen bekommen.

Joachim muss an sich arbeiten, um sich selbst gegenüber toleranter zu sein, und genau das ist vielleicht die größte Herausforderung. Er muss gegebene und nicht veränderbare Lebensumstände, die die räumliche Entfernung für sich (und seine eigene Familie) mit sich bringt, akzeptieren. Sein Ekel- und Schamgefühl sind nur allzu verständlich. Deswegen spricht ihm aber niemand die Liebe und den Respekt gegenüber seinen Eltern ab.

»MUSS DENN ERST ETWAS PASSIEREN?«
Über Angst und Egoismus

....

»Eigentlich muss ich mich um zwei »Pflegefälle« kümmern – meine Mutter Lina und meine Tante Else. Sie ist die 92-jährige Schwester meiner Mutter, lebt zwei Straßen weiter im selben Dorf und hat keine Familie. Ich kann nur einmal in der Woche zu meiner Mutter fahren, denn mein Mann, meine beiden Zwillings-Söhne und ich leben in der nächstgrößeren Kreisstadt, und das sind 30 Kilometer für einen Weg. Ich habe eine 75 %-Stelle bei einer Behörde, und meine beiden Jungs machen gerade Abi,« erzählt die 50jährige Simone mit spürbar gestresstem Unterton. Sie hat noch eine ältere Schwester, die in der Schweiz verheiratet ist und einen Bruder, der in Frankfurt lebt.

Lina ist mit ihren 90 Jahren eine sehr gepflegte ehemalige Geschäftsfrau und lebt in einer kleinen Eigentumswohnung im 2. Stock. Sie leidet an diversen Alterserkrankungen wie Herzinsuffizienz, Arthritis und Anämie, die immer wieder im Krankenhaus mit Transfusionen behandelt wird. Dieses macht eine stationäre Aufnahme von zwei Tagen pro Monat nötig. Vor einem halben Jahr hat sie ein künstliches Kniegelenk bekommen, das ihr allerdings kaum Schwierigkeiten bereitet. Wegen ihrer Kreislaufprobleme und der altersbedingten Arthritis, die zu Schmerzen und Bewegungseinschränkungen besonders im Schulter und Nackenbereich führt, kommt morgens und abends ein ambulanter Pflegedienst, der beim Waschen und An- und Ausziehen hilft. Ansonsten versorgt sich Lina weitgehend alleine. Einmal die Woche kommt eine Reinigungskraft »fürs Grobe«, und eine

Nachbarin bringt gelegentlich ein paar frische Lebensmittel vom Discounter mit.

Ihre Schwerhörigkeit schiebt sie auf die »vernuschelte Sprache« ihrer Mitmenschen und nutzt das extra angepasste Hörgerät nur für den Kirchgang. Das führt zu häufigen Streitereien mit ihrer älteren Schwester. Else kommt jeden Tag gegen 10 Uhr zu Lina und verbringt den Tag meistens bei der »jüngeren« Schwester. Manchmal schläft sie auch dort. Else hat ebenfalls eine Herzinsuffizienz, allerdings sehr viel ausgeprägter als bei Lina, eine fortschreitende Demenz und eine Niereninsuffizienz. Noch findet sie den Weg zu ihrer Schwester, da sie ein Leben lang im selben Ort gelebt hat. Alltagsabläufe, komplexe Handlungen, Schwierigkeiten, Entscheidungen zu treffen, Kurzzeitgedächtnis und Wortfindungsstörungen nehmen allerdings stetig zu. Dinge werden vergessen, verlegt oder, wie sie behauptet, von ihrer Schwester »gestohlen«. Diverse »Missgeschicke« häufen sich.

Lina kocht für beide und beginnt damit noch, bevor der Pflegedienst bei ihr war. Denn gegessen wird natürlich Punkt 12 Uhr. Ihre Schwerhörigkeit und die Demenz der Schwester führen zu dauernden Missverständnissen und Reibereien. Else hat schon mehrfach die geschälten Kartoffeln in den Backofen gestellt, und sie waren nicht wieder auffindbar. Einmal stellte sie den Herd an, ohne den Topf darauf. Diese von beiden Schwestern als »Missgeschicke« benannten gefährlichen Situationen beunruhigen Simone massiv.

»Muss denn erst etwas passieren, bevor sich etwas ändert? Permanent habe ich das Gefühl, gerade nicht an dem Ort zu sein, wo es gerade nötig ist. Und irgendwann steckt Tante Else tatsächlich noch alles in Brand ... Bin ich zu Hause, mache ich

mir Sorgen um meine Mutter und Tante Else, bin ich bei ihnen,
brauchen mich meine beiden Jungs. Ich fühle mich zerrissen
und werde keinem so richtig gerecht ... und mir selber und
meinen eigenen Bedürfnissen schon gar nicht. Mein Mann hat
zum Glück viel Verständnis. Ich schlafe schlecht und tagsüber
zucke ich zusammen, wenn ich auf dem Telefon die Nummer
meiner Mutter sehe. Es ist dann immer irgendetwas. Besten-
falls haben sich die beiden »nur« gestritten.

Einmal ist meine Mutter hingefallen, und Tante Else
wusste nicht, was zu tun war. Sie hat meine Mutter auf dem
Boden liegen lassen und die ganze Zeit mit ihr geschimpft.
Ohne Hilfe konnte meine Mutter aber nicht wieder aufstehen,
da die Knie-OP erst kurz vorher war. Erst als die Nachbarin
spät nachmittags nach Hause kam und frische Eier vorbei-
bringen wollte, konnte meine Mutter auf das Sofa verfrachtet
werden. Zum Glück hatte sie nur ein paar blaue Flecken. Aber
das hätte ja auch anders ausgehen können. Lange geht das
nicht mehr so weiter. Ich habe nur noch Angst und traue mich
kaum, wieder weg nach Hause zu fahren. Aber ich habe doch
auch noch ein Leben ... oder bin ich da zu egoistisch?« fragt
Simone mit Tränen in den Augen.

Die »Sandwichposition« – also das »Zwischen-den-Stühlen-Sitzen« von Simone ist in unserer Generation extrem häufig. Wir »tanzen auf allen Hochzeiten«. Zwischen 40-55 sind wir beruflich meist da angekommen, wo wir, nachdem die Kinder weitgehend ihre eigenen Wege gehen, hinwollten. Die berufliche Karriere macht womöglich noch einmal einen Sprung, oder wir entscheiden uns für einen Jobwechsel in einer anderen Stadt. Weiter weg von den pflegebedürftigen Eltern oder Schwiegereltern. Das macht die Betreuung nicht einfacher, denn aus der

Entfernung kann man eben nicht alles »auf dem kleinen Dienstweg« regeln. Viele Telefonate oder Mails sind nötig, um Abläufe zu koordinieren.

So wie Simone haben wir das Gefühl »zur falschen Zeit am falschen Ort zu sein«. Immer die Feuerwehr sein – da, wo es gerade am heftigsten brennt ... sie ist in ihrer Zerrissenheit ziemlich alleine. Würde sie ihren eigenen Bedürfnissen nachgeben, würde sie sich für »egoistisch« halten, und die Angst ist ebenfalls keine angenehmer Begleiter. Gefühls-Chaos pur.

Die eigene Familie kommt zu kurz, die Partnerschaft ebenfalls, denn es ist kaum Zeit für einen Kinoabend, einen Wein mit Freunden oder gar einen Urlaub. Wann hat Simone das letzte Mal in Ruhe auf dem Sofa gesessen und ein Buch gelesen oder in der Zeitung geblättert? Wann war noch mal die letzte Chorprobe, zu der sie so gerne geht?

»Immer ist es nur Stückwerk, was ich leisten kann. Bin ich bei meiner Mutter, überlege ich schon, was mich zu Hause erwartet und umgekehrt. Dazu die Angst, dass etwas Ernsthaftes passiert. Richtig wütend bin ich eigentlich auf Tante Else. Sie macht alles nur noch schlimmer, denn meine Mutter versorgt sie ja praktisch mit. Aber sie hat nun mal nur noch uns. Es gibt keine Kinder, die sich um Tante Else kümmern. Also bin ich auch für sie zuständig. Ich fühle mich für beide verantwortlich. Ich kann sie doch nicht trennen und Tante Else in eine stationäre Altenpflege geben. Das würde meine Mutter nie zulassen. Also sorge ich, so gut ich kann, für die beiden »old ladies«. Aber die Angst und ein schlechtes Gewissen sind mein ständiger Begleiter – besonders nach dem Sturz **45**

von meiner Mutter und den Beinahe-Bränden, die Tante Else provoziert hat.«

In unserem Gespräch kommen überwiegend die Bedürfnisse von Simones Angehörigen vor. Um sie selber geht es kaum und wenn, kommt sie sich dabei sogar noch egoistisch vor. Ebenfalls keine Seltenheit, dass pflegende Angehörige ihre eigenen Bedürfnisse zurückstellen, dabei körperlich und seelisch Schaden nehmen und sich sozial isoliert fühlen, weil der Kontakt zum Freundeskreis oder zu Vereinen aus mangelnden Zeitgründen nur schwer aufrechtzuerhalten ist.

Simone hat versucht, ein Gespräch mit ihrer Mutter über die Unterbringung von Tanze Else in einem Pflegeheim zu führen – mit wenig Erfolg. Lina möchte sich weiter um ihre einzige Schwester kümmern, denn dazu fühlt sie sich als »deutlich Jüngere« verpflichtet. Außerdem brauche sie ja auch Gesellschaft, denn Simone käme ja nur selten. Das interpretiert Simone sofort als Vorwurf und fühlt sich noch mehr unter Druck gesetzt. Ansprechen mag sie das aber gegenüber ihrer Mutter nicht. Der Vorwurf trifft Simone schwer, denn sie tut ihr Möglichstes. Nachvollziehbar auch, dass Lina den wöchentlichen Besuch der Tochter als zu kurz und zu wenig empfindet, denn der stressige Alltag mit Job, Familie und eigenem großen Haushalt ist für Lina nicht so offensichtlich erkennbar.

Simone sucht daraufhin Hilfe bei einem Pflegestützpunkt in der Region, der sie kostenlos und unabhängig berät (gibt es in jeder Region, siehe Initiativen und Netzwerke). Ihr wird dort empfohlen, eine Vorsorgevollmacht für Tante Else zu erwirken. Ohne die wäre Simone auch kaum handlungsfähig, denn nur damit kann Simone eine evtl. Unterbringung im Heim oder andere Hilfsangebote für Tante Else in die Wege leiten. Eine Tagespflege wäre eine mögliche Option, die auch für Simones Mutter akzeptabel wäre.

In dem kleinen Ort, wo die beiden Schwestern leben, spricht Simone mit dem Pfarrer. Er kennt Simones Mutter als fleißige Kirchgängerin und verspricht gelegentliche Besuche. Er vermittelt auch den Kontakt zu dem ehrenamtlichen Besuchsdienst der Gemeinde.

Mit der langjährigen Nachbarin vereinbart Simone regelmäßige Besuche, Kontakte (»nach dem Rechten schauen«) und kleinere Besorgungen einmal täglich für die beiden »old ladies«. Dafür wird von Simone anteilig das »Pflegegeld« von der Pflegeversicherung an die Nachbarin ausgezahlt. Sie selber kommt weiterhin einmal die Woche und erledigt auf dem Hinweg die großen Einkäufe.

Des Weiteren empfiehlt die Mitarbeiterin des Pflegestützpunktes eine Angehörigengruppe in der Stadt, in der Simone lebt. Dort finden ein Informationsaustausch, Beratung und eine gegenseitige Unterstützung statt. Simone hört von anderen Angehörigen, dass sie mit ihrer emotionalen Zerrissenheit nicht alleine ist. Hier lernt Simone, dass ihr vermeintlicher oder gefühlter »Egoismus« viel mehr die sehr wichtige »Selbstfürsorge« ist, um mit sich im Gleichgewicht zu bleiben. Denn sie kann nur für ihre beiden »old ladies« da sein, wenn sie selber seelisch und körperlich stabil und gesund ist. Verdeutlicht wird ihr das **47** an einem Beispiel der Feuerwehren: Nur wenn die Retter sicheren Zugang haben, können sie helfen und Menschen in Not retten.

Hier lacht Simone das erste Mal. *»Eine Feuerwehr brauchen wir für Tante Else hoffentlich nicht.«*

»WIR HABEN UNS IMMER GUT VERSTANDEN«
Über Dankbarkeit, Verpflichtung und Schuldgefühle

. . . .

»*Ich glaube an das* ›*Gesetz der Serie*‹ *– und das hat sich auch bewahrheitet ... Meine Mutter Lotte und mein Vater Harald haben immer, soweit wir drei Geschwister das beurteilen können – eine harmonische Ehe geführt. Das heißt nicht, dass sie sich nicht gestritten haben – ganz im Gegenteil. Aber das war immer auf Augenhöhe. Beide waren dabei fair, und jeder konnte sich entschuldigen, wenn er seinen Fehler einsah ... das respektvolle Streiten haben wir Kinder schon früh von unseren Eltern gelernt ... Familientradition ... naja, jedenfalls* ›*Gesetz der Serie*‹ *... Meine Mutter war schon länger an Rheuma erkrankt. und das wurde über die Jahre natürlich immer schlimmer. Dann bekam sie einen Herzinfarkt, den sie nur knapp überlebte. Mein Vater machte sich große Sorgen und wich quasi nicht von ihrer Seite. Dabei war eigentlich er es, der herzkrank war. Als meine Mutter zur Reha sollte, lehnte sie das ab. Sie wollte unbedingt so schnell wie möglich nach Hause. Einen Tag bevor sie entlassen wurde, musste mein Vater mit einem Angina-Pectoris-Anfall ebenfalls ins Krankenhaus ...*«

Harald und Lotte sind 84 und 82 Jahre alt und eigentlich noch sehr mobil. Das Auto wird allerdings nur noch für Einkäufe genutzt. Die beiden, die in der Nähe des mittleren Sohnes Sven wohnen, versorgen sich also selber. Die älteste Tochter lebt in München, und der jüngste Sohn in Hamburg. Alle haben Familie und sind berufstätig. Es wurden regelmäßig gemeinsame Familienfeste mal bei dem einen, mal bei dem anderen gefeiert. **49**

»Unser Familienzusammenhalt war immer stark. Das lag sicher auch an unserer glücklichen Kindheit – klingt nach Klischee, war aber tatsächlich so. Wir wurden von unseren Eltern mit Liebe und allen Freiheiten erzogen. Das haben wir drei auch für unsere Familien übernommen. Wir sind tatsächlich eine glückliche Großfamilie – wie die Waltons«, lacht Sven.

Dass die Familienbiografie und der Umgang miteinander für die spätere Übernahme der Versorgung und Pflege eine entscheidende Rolle spielt, wurde sogar wissenschaftlich belegt. Wenn die Kindheit von Liebe und gegenseitiger Fürsorge geprägt war, ist die Wahrscheinlichkeit hoch, dass eine Pflegeübernahme möglich gemacht wird. »Dankbarkeit« als Motivation spielt dabei eine Rolle. Sven möchte etwas von den positiven Dingen, die seine Eltern ihm und seinen Geschwistern in der Kindheit haben zukommen lassen, zurückgeben.

»Jedenfalls war nach den Krankenhausaufenthalten unserer Eltern klar, dass sie mehr Hilfe brauchen würden. Als die beiden wieder zu Hause waren und sich einigermaßen erholt hatten, beriefen wir eine Familienkonferenz ein. Wir drei Kinder bezogen unsere jeweiligen Ehepartner und auch unsere Kinder mit ein. Wir legten alle unser Karten auf den Tisch und wollten herausfinden, was sich unsere Eltern wünschten. Dass sie nicht in ein Heim wollten, hatten sie schon immer gesagt. Ein Umzug nach München oder Hamburg kam ebenfalls nicht in Frage, denn sie hatten noch ein relativ aktives Sozialleben mit einem netten Freundeskreis. Damit war klar, dass sie erst einmal in ihrem Haus bleiben würden. Dank der finanziellen Reserven konnten wir vereinbaren, dass externe Dienstleister einiges übernehmen sollten. Gartenpflege, den

Hausputz, Einkäufe und Wäscheversorgung konnten wir outsourcen.«

Eine Familienkonferenz, in dem alle ganz deutlich ihre Präferenzen und Ressourcen benennen, ist hilfreich für eine gemeinsame Entscheidungsfindung. Das generationsübergreifend Möglichkeiten angedacht werden, ist sinnvoll, denn oft haben die Enkelkinder ein ganz anderes Verhältnis zu den Pflegebedürftigen und können und wollen sich einbringen. Eine Bereicherung für alle Beteiligten. Da biografisch schon immer in der Familie offen und ehrlich miteinander diskutiert werden konnte, waren das ein eingeübter Prozess und eine ideale Möglichkeit, die bestmögliche Entscheidung für alle Beteiligten zu finden.

»*Meine Geschwister und ich machten unseren Eltern deutlich, dass wir ihnen sehr viel zu verdanken hatten und das wir mehr als bereit waren, nun etwas zurückzugeben. Die Eltern wollten aber auf keinem Fall, dass wir uns zu irgendetwas verpflichtet fühlten. Sie waren sich im Klaren darüber – wir thematisierten das auch ganz offen –, dass jeder seine eigene Familie und einen anspruchsvollen Job hatte. Dazu kam bei meinem kleinen Bruder und meiner älteren Schwester noch die Entfernung von mehreren 100 Kilometern. Weiterhin bestand Einigkeit darüber, dass wir situativ weiter entscheiden würden, wenn sich ein Gesundheitszustand verschlechtern sollte. Die kategorische Weigerung, nicht in ein Heim zu wollen, relativierten die beiden dann auch. Dazwischen gibt es ja auch noch diverse Versorgungs- bzw. Wohn- und Betreuungsvarianten.*«

Die Familienkonferenz einigte sich darauf, sich bezüglich Senioren-Wohngemeinschaften in der Gegend zu informieren. Ein »Plan B« sozusagen – nur um vorbereitet zu sein. So ein angedachtes Szenario schafft einerseits Sicherheit, und andererseits haben alle Beteiligten Zeit, sich mit einer möglichen veränderten Wohnform auseinanderzusetzten (z. B. durch Besichtigungen, Tag der offenen Tür o.ä.) oder selber aktiv zu werden. Wenn z. B. eine eigene Senioren-WG mit Freunden gegründet wird, wird das von der Pflegeversicherung zusätzlich finanziell unterstützt (Infos auf den Internetseiten der Pflegeversicherungen, siehe Anhang).

»Wir waren unseren Eltern dankbar, was sie für uns getan hatten und irgendwie fühlten wir uns schuldig – also verpflichtet, ihnen etwas zurückzugeben. Aber im positiven Sinn! Wir sind eben eine Familie, und da hält man einfach zusammen, egal wie schwierig es wird. Wir wissen natürlich nicht, was uns noch an Schicksalsschlägen erwartet, aber wir sind uns alle einig, dass man so etwas gemeinsam besser meistern kann als alleine. Das gibt mir auch heute noch Vertrauen und Sicherheit, weil ich weiß, dass ich mich immer und jederzeit auf meine Familie verlassen kann.«

Solidarität, Gemeinschaft, Vertrauen und Ehrlichkeit haben die drei Geschwister ihr Leben lang von ihren Eltern vorgelebt bekommen – es hat sie geprägt. Biografische Brüche hat es in ihrer Familie nicht gegeben. Das ist etwas Besonderes, und alle sind sich des Wertes nur allzu bewusst. Es ist in Krisensituationen ein tragfähiges Konstrukt, offen und ehrlich seine eigenen »Befindlichkeiten« äußern zu können und dann im Familienverbund eine gemeinsame Lösung zu finden.

»Früher habe ich über solche Dinge gelacht«, gibt Sven zu. Je älter ich selber werde, desto mehr setze ich mich auch mit meinem eigenen »Altwerden« auseinander. Ich finde, wir haben das bisher ganz gut hinbekommen. Nun würde ich mir wünschen, dass wir diese Werte wie Dankbarkeit und positives Pflichtgefühl bzw. Verantwortung auch unseren Kindern mitgeben können, damit es vielleicht mal ähnlich läuft, wenn meine Geschwister und ich alt sind … naja, wie bei den Waltons eben …«

5

»SIE BESCHIMPFT UND DEMÜTIGT MICH«
Über Aggression, Frust und Wut

....

»Grete oder Gretchen wurde meine Mutter von meinem Vater immer genannt – nur wenn er wütend war, rief er sie Margarete. Das kam allerdings öfter vor. Die beiden führten eine Ehe mit den klassischen Rollenbildern der damaligen Zeit. Mein Vater kam spät aus der Gefangenschaft zurück, krank, traumatisiert und schweigend. Ich wurde vier Jahre nach seiner Rückkehr geboren. Er starb jung mit 55 Jahren als unglücklicher, gebrochener Mann.

Als Kind erlebte ich meine Mutter als immer präsente, sorgende und etwas ängstliche Frau. Sie sagte oft zu meinem jüngeren Bruder und mir, wir sollten »Vati nicht aufregen«. Sie managte und organisierte unser Familienleben. Mein Vater ging zur Arbeit und setzte sich abends gerne mit einem Bier auf sein Sofa. Mutti brachte ihm belegte Brote, sorgte dafür, dass wir ihn nicht unnötig behelligten mit unserem »Kinderkram« und versuchte möglichst unauffällig aber liebevoll unsere Belange zu beachten. Ich kann gar nicht sagen, ob sie eine glückliche Ehe führten. Ich hörte sie selten streiten, was aber wohl eher daran lag, dass Mutti nicht widersprach, wenn Vati sie anraunzte.

Nach seinem Tod wirkte sie allerdings fast wie befreit. Mit ihren 54 Jahren ging sie jetzt zum Chor, gründete mit ein paar Freundinnen einen Kegelclub, ging zum »Kaffeeklatsch« und engagierte sich in der hiesigen Gemeinde. Binnen kürzester Zeit gab es ein gesellschaftliches Leben für sie. Das ging etwa zehn Jahre gut. Wir hatten schon immer eine sehr enge Verbindung. Trotz eines Umzugs und eigener Familie hatten wir weiterhin häufig Kontakt, telefonierten regelmäßig, sahen uns zu Geburtstagen und Feiertagen, gingen mal essen oder einkaufen und feierten Weihnachten abwechselnd bei meinem Bruder oder meiner Familie. Mein Bruder und ich leben beide mit unseren Familien im Umkreis von 20 Kilometern von meiner Mutter entfernt.

Kurz nach ihrem 70sten Geburtstag rief mich eine Freundin meiner Mutter an. Und dann ging alles rasend schnell.«

Sonja weiß nicht recht, wie sie es erklären soll …

»Muttis Freundin erzählte mir, dass Grete irgendwie ›komisch‹ geworden sei. Sie käme nur noch selten zu den Verabredungen, obwohl sie die vorher noch bestätigt hatte, wirke oft in sich gekehrt, gar nicht mehr so fröhlich und würde oft ohne ersichtlichen Grund Streit wegen Nichtigkeiten anfangen. Das war mir auch schon aufgefallen. Denn neuerdings hatte meine Mutter bei Besuchen oder gemeinsamen Einkäufen häufig etwas auszusetzen. Mal war ich angeblich verspätet und sie hätte ›schon Stunden gewartet‹. Einmal brachte ich ihr einen Strauß Frühlingsblumen mit, die sie sonst so gerne mochte, die sie mir aus der Hand riss und in den Müll stopfte, weil sie angeblich stinken würden … Und sie brachte vereinbarte Termine durcheinander, behauptete aber, dass es anders ausgemacht sei. Als sie sagte, mein Bruder wäre da gewesen und hätte ihren besten Wintermantel für seine Frau mitgenommen, wurde ich stutzig. Ich sprach mit meinem Bruder darüber, der ähnliche Erlebnisse hatte.

Wir vereinbarten ein Gespräch zu dritt. Als wir unsere Mutter mit ihren merkwürdigen Verhaltensweisen konfrontierten, fing sie an zu weinen. ›Irgendetwas stimmt nicht mit mir‹, gab sie zu …

Es dauerte ein paar Wochen und einige Arztbesuche, bis unsere schlimmste Befürchtung bestätigt wurde ... ›primäre, neurodegenerative Demenz vom Typ Alzheimer‹. In den wenigen Wochen bis zur Diagnose, wurde es fast täglich schlimmer mit ihr. Sie entwickelte sich zu einer regelrechten Querulantin. Nichts war recht. Sie wollte keine weiterer Arzttermine, behauptete aber andererseits, uns wäre es egal, dass es ihr immer schlechter ginge. Niemand würde sich kümmern und wenn, kämen wir nur, um ihr Dinge wegzunehmen, die wertvoll waren.

Meinem Bruder und mir war natürlich klar, dass diese Anschuldigungen ein Symptom ihrer rasch fortschreitenden Erkrankung war, aber es entsetzte uns trotzdem, eine völlig andere Person vor uns zu haben.«

Sonja, ihre Familie, ihr Bruder und dessen Familie wechseln sich seither ab, so dass jeden Tag jemand bei Grete ist. Dass das kein Dauerzustand sein kann, wissen alle. Deshalb wird eine Familienkonferenz einberufen, um gemeinsam zu überlegen, was zu tun ist und wie viel Zeit jeder einbringen kann und will. Alle Familienmitglieder sind gleichermaßen tief betroffen und kommen zunächst mit den rüden Verbalattaken der Mutter gar nicht zurecht.

»Ich muss die Tränen zurückhalten, aber eigentlich bin ich nur wütend! Wir tun wirklich alles, um sie zu schützen und ihr Gutes zu tun. Ich liebe meine Mutter sehr. Wir stehen uns sehr nahe. Jetzt werde ich aber sogar als »Miststück« und »nichtsnutzige Schmarotzerin« bezeichnet. Ich weiß ja, dass das nicht sie ist, die da spricht, und trotzdem verletzt mich das sehr, weil es so ungerecht ist.«

Die Wut, die Sonja empfindet, ist eine »Spiegelung« der Aggression Gretes. Nichts passt zusammen. Denn natürlich liebt Soja ihre Mutter, und sie fühlt sich schrecklich, wenn sie ihre eigenen Gefühle bemerkt, denn auch ihr Leben ist aus den Fugen geraten. Das Bild, das sie von ihrer Mutter hatte, verändert sich auf erschreckende Weise, der Alltagsrhythmus ihrer Familie und der ihres Bruders wird komplett durcheinandergewirbelt, und statt Dankbarkeit zu ernten, wird sie unflätig beschimpft, zu Unrecht beschuldigt, gedemütigt oder abgekanzelt.

»Am liebsten würde ich gar nicht mehr hingehen«, resümiert Sonja nach ein paar sehr anstrengenden Wochen. Es wird immer schlimmer! Mutti benutzt Worte, von denen ich gar nicht wusste, dass sie sie überhaupt kennt. Und neulich hat sie mich sogar angespuckt. Mittlerweile kommen zweimal am Tag ein ambulanter Pflegedienst und eine Haushaltshilfe. Ein Pflegegrad wurde beantragt, aber eigentlich kann sie nicht in ihrer Wohnung bleiben.«

Der Familienrat konnte die komplette Tag- und Nacht-Betreuung nicht länger aufrechterhalten, da Job, Schule bzw. Studium der Enkelkinder und das eigene Leben und dessen Anforderungen ja auch irgendwie weitergehen.

»Wir wollen Mutti so lange wie möglich in ihrer Wohnung lassen, deshalb haben wir eine osteuropäische Hilfskraft über eine Agentur eingestellt. Die Kosten dafür sind mit dem Geld der Pflegeversicherung, der Rente und einem kleinen Betrag meines Bruders und mir abgedeckt.
Besonders schlimm ist es, wenn sie klare Momente hat und erkennt, dass da etwas gewaltig schiefläuft und sie sich dau-

ernd entschuldigt, aber gar nicht genau weiß wofür. Manchmal erzählt sie mir dann, wie es früher war, als Vati noch lebte, und was für eine gute Zeit unsere Familie hatte. Und dann plötzlich ist alles wie weggewischt. Sie nörgelt, dass ihre Wohnung total dreckig wäre und sie in so einem ›Loch vegetieren‹ muss. Mein undankbarer Bruder und ich, eine faule, schlampige Tochter, sei ... eine schlimme Brut ...

Es frustriert mich, wenn ich sie aus diesem schrecklichen Film, den sie da in ihrem Kopf laufen hat, nicht herausholen kann. Es ist nichts mehr so, wie es mal war. Ich muss dann gehen ... und sie Natascha, der Pflegerin, überlassen.«

Fast klingt es wie eine Rechtfertigung von Sonja, dabei ist es eine sehr gesunde Reaktion, sich aus so einer nicht klärbaren Konfliktsituation zu entfernen. Sonja schützt sich damit selbst. Denn logischen Argumenten ist Grete nicht mehr gewachsen, und Sonja würde nötig gebrauchte Energien für Beschwichtigungsversuche verschwenden. Bevor Sonja selbst aggressiv, wütend und frustriert wird, ist es besser zu gehen. Für sie ist es richtig und wichtig, sich den ungerechtfertigten Anschuldigungen und Beschimpfungen zu entziehen, und es kann hier nicht falsch sein, gut für sich selbst zu sorgen. Das hat auch nichts mit Egoismus zu tun, sondern ist Selbstfürsorge und das Bestreben nach innerem Gleichgewicht!

Natascha ist eine Erleichterung, denn mit ihr geht Grete ganz anders um. Sie hält sie für eine ihrer Freundinnen von früher und lacht viel mit ihr. Das ist einerseits eine Entlastung, andererseits wie ein Nadelstich für Sonja. Ein Anflug von Eifersucht nistet sich bei Soja ein und macht die Situation nicht einfacher, auch wenn sie weiß, dass ihr Gefühl irrational ist, denn Natascha ist eine echte Hilfe.

Bestätigung und Unterstützung findet Sonja bei der Deutschen Alzheimergesellschaft (*www.deutsche-alzheimer.de*, siehe Anhang). Dort wird sie von Profis über den Verlauf der Erkrankung, die Besonderheiten und die Therapiemöglichkeiten informiert. Weitere Informationen erhält sie über praktische und finanzielle Hilfen und über »Validation« – eine besondere Form des Umgangs mit Menschen, die an einer Demenz erkrankt sind. Sie bekommt dort eine Kontaktadresse für ein »Demenz-Café«, was sie mit ihrer Mutter gemeinsam besuchen kann und wo es Rat und Hilfe für pflegende Angehörige direkt vor Ort gibt.

Es hat eine Weile gedauert, bis Sonja verinnerlicht hat, dass Grete es nicht »persönlich« meint, wenn sie Tochter und Sohn beschimpft. Das zu verstehen und zu akzeptieren fällt Sonja mal mehr mal weniger leicht. Besonders dann, wenn die frühere Persönlichkeit ihrer Mutter kurz aufblitzt ...

»Dann merke ich, dass ihre Seele unversehrt ist. Ich sage ihr dann, wie sehr ich sie liebe, auch wenn ich die Pflege zunehmend abgeben werde, um nicht vor die Hunde zu gehen. Das hätte sie nicht gewollt, dass ich meine Gesundheit ruiniere und meine Familie aufs Spiel setze. Ich erkläre ihr dann immer wieder: Mutti – du bleibst du und ich bleib ich ... aber ich lasse dich nicht alleine.«

6

»DU FÄLLST MIR NICHT ZUR LAST«
Über Nähe, Autonomie und Distanz

....

Stefan ist 52 Jahre alt, mit Katrin seit über 20 Jahren verheiratet und hat drei Kinder im Alter von 18, 14 und 8 Jahren. Die Familie lebt in einem schönen Einfamilienhaus mit großem Garten, in dem der Berner Sennenhund Ludwig gerne buddelt.

Willi, sein Vater, ist gerade 85 geworden. Er bewohnt alleine eine Wohnung – in der bis zu ihrem Tod vor drei Jahren auch seine Frau Irmi lebte – etwa 100 Kilometer entfernt von seinem Sohn.

Kurz nach seinem Geburtstag stürzt Willi nachts beim Gang zur Toilette und fällt so unglücklich, dass er sich die rechte Schulter, den Unterarm und den rechten Oberschenkelhals bricht. Er wird erst am nächsten Morgen von der Haushaltshilfe, die zweimal die Woche zum Putzen kommt, gefunden und in ein Krankenhaus gebracht, wo er sofort operiert wird.

Als Willi wieder auf sein Zimmer geschoben wird, wartet Stefan bereits voller Sorge auf ihn.

»Ich hatte ein total schlechtes Gewissen, dass mein Vater stundenlang alleine mit Schmerzen auf dem kalten Badezimmerboden gelegen hat. Das darf nicht wieder passieren! Mein Vater zieht jetzt zu uns. Wir bauen in unserem Haus zwei Zimmer um, dann hat er sein eigenes Reich und ist trotzdem nicht alleine. Katrin arbeitet als Architektin sowieso überwiegend von zu Hause. So haben wir es mit dem Umbau natürlich leicht. Ich habe das mit den Kindern und ihr besprochen, und

es gab überhaupt keine Bedenken – im Gegenteil – wir hatten immer ein tolles Verhältnis, und unser Kleiner ist besonders begeistert, dass er seinen Opa jetzt dauerhaft um sich hat.

Mein Vater und ich waren immer wie gute Freunde. Er hat dafür gesorgt, dass wir den Spagat zwischen Nähe und Distanz gut hinbekommen. Ich konnte mich in jeder Lebenssituation auf ihn verlassen. Er hat mich im Studium finanziell unterstützt, aber mir nie das Gefühl gegeben, dass ich abhängig von ihm bin. Er war mir eine emotionale Unterstützung, denn ich konnte ihn wie einen Kumpel anrufen, als ich von meiner damaligen Freundin verlassen wurde. Wir verbrachten einen netten Kneipenabend ...

Als mein Vater aus dem OP kam, war er total verwirrt und redete nur wirres, unzusammenhängendes Zeug. Ich hatte Sorge, dass das so bleiben würde, aber die Ärzte beruhigten uns. Es käme bei alten Menschen häufiger zu einem ›Durchgangssyndrom‹ nach einer langen Narkose. Sie behielten zum Glück Recht, und nach ein paar Tagen war mein Vater wieder ganz der Alte. Es würde allerdings ein langer körperlicher Genesungsprozess werden, prognostizierten die behandelnden Ärzte. Die Brüche würden zwar verheilen, aber die Bewegungen müssten erst wieder eingeübt werden. Eine vollständige Rehabilitation wäre in dem Alter eher ausgeschlossen. Die Knochen seien nun mal auch 85 Jahre alt.

Mein Vater entschuldigte sich, dass er uns solche Sorgen bereitet hatte. Als ich ihm den Vorschlag machte, zu uns zu ziehen, lehnte er das ab. Ich war geschockt.«

Nach einem so einschneidenden und traumatischen Erlebnis wie Sturz und OP brauchen alle Beteiligten Zeit, sich mit der veränderten Situation auseinanderzusetzen und nach reiflicher Überlegung Entscheidungen zu treffen. An dem Kalenderspruch »Alte Bäume verpflanzt man nur schwer ...« scheint tatsächlich etwas dran zu sein. Willi hatte viele Jahre in seiner Wohnung, erst mit seiner Frau und dann alleine, gelebt. Er kennt seine Nachbarn, und er hat einen – wenn auch kleiner gewordenen – Freundeskreis zum Kartenspielen. Er war die ganze Zeit über selbstständig und würde es schon wieder werden, so hoffte er zumindest. Warum sollte er jetzt seinem Sohn unnötig zu Last fallen?

»Ich habe lange mit meinem Vater gesprochen und ihm beteuert, dass er mir und uns gar nicht zur Last fiele. Ich wollte, dass er meinen Kindern von früher erzählt ... ihnen vermittelt, was sein Leben ausgemacht hat. Das wäre für meine Kinder viel greifbarer als jeder Schulunterricht, und außerdem verstünden sie dann, wo ihre Wurzeln sind.

Ich selbst möchte die Zeit, die mir mit meinem Vater bleibt, nutzen – und ihm seine Autonomie trotzdem lassen. Ich will ihn nicht bevormunden, sondern eigentlich nur etwas zurückgeben. Als ich ihm plausibel machen konnte, dass es ein Gewinn und eine Bereicherung für unsere Familie wäre, ihn in unserer Nähe zu haben, glaubte er mir endlich. Er würde in unserem Haushalt selbstständig leben können und im Garten Aufgaben mit übernehmen. Er sollte das Gefühl haben, gebraucht zu werden. Uns würde es eine Erleichterung sein, wenn wir nicht dauernd in Sorge sein müssten. Lange Fahrtstecken würden wegfallen, um etwas zu organisieren, wenn er weiterhin alleine wohnen würde. Bei uns sind wir gut vernetzt, und Ärzte, Therapeuten und Hilfsangebote sind uns in unserer Stadt bekannt. Da kann ich praktisch alles Nötige in die Wege leiten.

Das alles überzeugte meinen Vater dann doch, und er sagte schließlich Ja.«*

Stefan und Willi versuchen mit einer vorausschauenden Planung den Spagat zwischen Nähe und Distanz mit der größtmöglichen Autonomie für Willi, aber auch für Stefans Familie, hinzubekommen. Keiner von beiden ist bereit, seine Unabhängigkeit aufzugeben, und sie vereinbaren, dass es in erste Linie ein »Miteinander« und nicht ein »Füreinander« sein soll – also eine gleichberechtigte, partnerschaftliche Beziehung, auch wenn beiden klar ist, das Willi zunehmend Unterstützung brauchen wird. Es ist ein respektvoller, wertschätzender Umgang, den die beiden Generationen da miteinander vereinbart haben – ein klassischer »Generationenvertrag«. Das war besonders wichtig für Willi, da er sich sonst nicht ruhigen Gewissens auf das Experiment eingelassen hätte.

Die baulichen, finanziellen und organisatorischen Grundlagen müssen natürlich für eine solche Entscheidung geeignet sein. Informationen zu einer Wohnraumanpassung, die von der Pflegeversicherung finanziell unterstützt wird, technische und medizinische Hilfsmittelberatung gibt es u. a. im Internet. (*www.barierrefrei-leben.de*)

Da Willi nach den Operationen und dem fast dreiwöchigen Krankenhausaufenthalt noch in einer geriatrische Reha-Einrichtung in der Nähe wieder mobiler gemacht werden soll, bleibt etwas Zeit, um die Umbaumaßnahmen zu beginnen. Stefan hat derweil mit Hilfe des Sozialdienstes im Krankenhaus einen Antrag auf Pflegebedürftigkeit bei Willis Pflegeversicherung gestellt. Nach der Feststellung kann ein Zuschuss zum Umbau gestellt werden. Die zu mehr Selbstständigkeit verhelfenden »Wohnumfeld verbessernden Maßnahmen« wie Türverbreiterungen für **63**

Rollator und/oder Rollstuhl, Austausch einer Badewanne in eine ebenerdige Dusche, Haltegriffe u. Ä. werden von Willis Pflegeversicherung bis zu einer Höhe von maximal 4.000 € übernommen (weitere Infos erteilt die jeweilig zuständige Pflegeversicherung).

»Das ist allerdings ein Haufen Papierkram, aber es war die Sache wert! Verständnisfragen wurden mir beim regionalen Pflegestützpunkt beantwortet, und auch die Dame von der Pflegeversicherung war sehr hilfsbereit. Als mein Vater dann wieder relativ mobil zu uns kam, waren wir fast fertig mit dem Umbau. Das hatten wir natürlich auch meiner Frau zu verdanken, die relativ zügig die Gewerke organisieren konnte.

Es war schnell klar, dass wir Hilfe für die Grundpflege brauchen würden, da mein Vater sich auf Grund der Bewegungseinschränkungen schlecht selber waschen und anziehen konnte. Ihm war es aber lieber, dass eine fremde, fachkundige Kraft bei der Körperpflege half. Alles andere wäre ihm peinlich gewesen ... zu viel Nähe ... Wir fanden einen guten Pflegedienst vor Ort, der morgens und abends kam. Laufen konnte mein Vater wieder sehr gut, und er trainierte akribisch weiter, denn er übernahm täglich mindestens zwei Spaziergänge mit Ludwig. Eine Entlastung für Katrin und die Kinder.

Unser Jüngster ging immer zuerst zu Opa, wenn er aus der Schule kam, und aß dann gemeinsam mit ihm und Katrin zu Mittag. Abends sah ich immer nach meinem Vater und plauderte mit ihm, und dann verbrachte jeder seinen Abend für sich. So gab es die für alle notwendige Distanz. Wir hatten ein Rufsystem installieren lassen, damit er uns im Notfall auch nachts erreichen konnte. Wenn wir im Sommer einen Grillabend machten oder am Wochenende eine TV-Show ansahen, baten wir ihn gelegentlich zu einem Glas Wein dazu. Manch-

mal nahm er die Einladung an. Es passte alles ziemlich gut und es gab kaum Differenzen. Ich hatte das Gefühl, er fühlte sich geborgen und wohl. Oft blätterte er mit seinen Enkeln in alten Fotoalben. Das genossen alle sehr. Ungewöhnlich, aber ich denke, keiner von uns hat die Entscheidung je bereut ... Wir haben eine gute Balance für uns zwischen Nähe und Distanz gefunden.«

Nachtrag

Knapp zwei Jahre nach Willis Umzug zu seinem Sohn erleidet er einen schweren Schlaganfall, an dessen Folgen er nach ein paar Tagen im Krankenhaus im Kreis von Stefans Familie verstirbt, ohne das Bewusstsein wiederzuerlangen.

»Es war eine geschenkte Zeit mit und für meinen Vater und uns. Ich kann ihn gehen lassen, denn ich weiß, er war glücklich bei uns in dieser kurzen Zeit. Mein Vater war keine Last, sondern eine Bereicherung, denn wir haben viel von ihm gelernt. Ich weiß, dass viele Familien an einem solchen »Projekt« scheitern ...

Aber vielleicht sind wir ein gutes Beispiel dafür, dass Pflege zu Hause auch etwas sehr Positives sein kann.«

7 »NEIN, DU KANNST DAS NICHT MEHR ALLEINE«
Über Akzeptanz, Mitleid und Selbstbestimmung

....

»Meine Mutter Agnes tut mir leid. Solange ich denken kann, war sie kränklich. Schon als meine beiden Schwestern und ich noch klein waren, musste häufig Julia, die Älteste, den Haushalt übernehmen. Ich, als die Mittlere, kümmerte mich um die kleine Yvonne und um unsere Mutter. Mein Vater war tagsüber natürlich arbeiten. Ich weiß nicht, ob die damaligen Erkrankungen eine Ursache für ihr heutiges Leiden sind, aber unsere Mutter hatte schon immer Probleme mit dem Essen. Sie erbrach sich häufig, hatte Bauchweh und war immer extrem dünn. Damals gab es noch wenig Wissen über Lactose-Intoleranz, veganes Essen oder glutenfreies Brot. Selbstverständlich gab es jeden Tag Fleisch, keiner von uns wäre auf die Idee gekommen, Vegetarier sein zu wollen. Es gab immer »deutsche Hausmannskost«, so wie es in den 70ern und 80ern eben üblich war. Jedenfalls litt meine Mutter schon viele Jahre – meistens, ohne zu klagen. Im Alter wurde es schlimmer und seit einem halben Jahr wissen wir, dass sie Darmkrebs hat, und dass dieser auch leider schon gestreut hat.

Nach dem Tod meines Vaters blieb sie in dem Haus meiner Kindheit wohnen. Sie liebte ihren Garten mit dem kleinen Gemüseanbau und ihre Rosen. »Ich geh' hier nicht weg – ihr müsst mich mit den Füßen voran aus dem Haus tragen. Ich kann das alles allein!«, sagte sie immer. Sie war eine sehr gepflegte und schicke Frau. Die Selbst-Versorgung funktionierte soweit ganz gut.

Meine Schwestern und ich wohnen mit unseren Familien im Umkreis von 10 Kilometern von unserem Heimatort entfernt. *Irgendwie sind wir alle hier hängen geblieben«*, erzählt Stefanie es etwas forscher, als sie es wohl eigentlich meint.

»Mutter wurde in den letzten Wochen immer schwächer, und als sie dann operiert wurde, waren wir erst einmal erleichtert, dass mit ihren 76 Jahren überhaupt eine Therapie begonnen wurde. Der künstliche Darmausgang war allerdings ein Schock. Mutter schämte sich zuerst sehr, ließ sich aber von Anfang an beraten, wie sie die Versorgung des endständigen Colostoma handhaben muss, damit sie es zu Hause alleine machen konnte. Es war überhaupt keine Rede davon, dass sich etwas ändern müsste. Es war für sie klar, dass sie wieder nach Hause geht, sich wie immer um ihren Garten kümmert und ab und zu mal zur Chemo und zum Arzt fahren muss.

Als der Sozialdienst des Krankenhauses zu ihr kam, war zum Glück meine jüngere Schwester Yvonne da, so dass sie realistisch schildern konnte, wie meine Mutter tatsächlich lebt. Meine Mutter Agnes neigt nämlich dazu, die häusliche Situation zu idealisieren. Haus und Garten sind riesig und selbst mit Haushaltshilfe kaum zu händeln. Und meine Schwestern und ich haben beide einen Job und einen eigenen großen Haushalt. Wir können dort auch nicht dauernd Fenster putzen, Unkraut jäten oder Schränke auswischen. Wir waren uns sicher, dass sie es langfristig nicht alleine schaffen würde.

Die Dame vom Sozialdienst schlug einen Umzug in ein »Betreutes Wohnen« vor, was meine Mutter rigoros ablehnte. Auch einen Umzug zu mir oder zu einer meiner Schwestern wollte sie auf gar keinem Fall. Sie konnte gar nicht verstehen, warum sich plötzlich alles verändern sollte. Ich versuchte ihr zu erklären, dass wir nur helfen wollten … Sie tat mir so leid.« **67**

Es fällt vielen Menschen schwer, mit Veränderungen zurechtzukommen, denn Veränderungen machen Angst; das wird im Alter und bei Krankheit nicht einfacher. Es braucht Zeit, bis wir akzeptieren können, dass Vertrautes nicht immer bleiben kann, wie es ist. Mitleid hilft da nicht weiter, auch wenn es ein nachvollziehbares Gefühl ist. Akzeptanz unter Wahrung der Selbstbestimmung wäre die beste Variante, aber das ist leichter gesagt als getan. Eine offene Aussprache in einer ruhigen Minute kann helfen. Manchmal ist es gut, einen Vermittler dabei zu haben, der die Situation auch fachlich beurteilen kann. Das könnte der Sozialdienst aus dem Krankenhaus sein, oder der Hausarzt. Für die ältere Generation ist es oft einfacher, Ratschläge von Außenstehenden anzunehmen, als von den eigenen Kindern. Denn genau das bleibt man in den Augen der Eltern: Kinder!

»Also ging meine Mutter wieder, wie sie es sich wünschte, in ihr Haus zurück. Ihr Selbstbestimmungsrecht wollten wir ihr auf keinen Fall absprechen. Das hätte sie nicht zugelassen. Zu Anfang ging alles soweit gut. Sie erholte sich schnell von der OP, ein ambulanter Dienst half morgens und abends, und eine Stoma-Beraterin kam regelmäßig, um die Wundversorgung zu beobachten. Meine Schwestern und ich wechselten uns ab, brachten Essen und versuchten, das Haus und den Garten halbwegs in Schuss zu halten.

Dann begann die Chemo, und nach dem ersten Zyklus ging es meiner Mutter sehr schlecht. Sie war sonst immer eine gepflegte, elegante Frau. Nun war sie nicht mehr in der Lage zu erkennen, dass ihre Kleidung schmutzig war und sie dringend eine Dusche brauchte. Auch der Pflegedienst konnte sie von dieser Notwendigkeit nicht überzeugen – sie reagierte »bockig«.

Als wir dann gemeinsam versuchten, ihr zu erklären, dass ein betreutes Wohnen vielleicht doch eine Alternative sein könnte, wurde sie richtig ungehalten. Das ist doch meine Entscheidung, und es ist mein Leben! Ihr habt mir gar nichts zu sagen!«

Die körperlichen Einschränkungen durch das Stoma, die vielen »fremden Leute« im Haus und das Bewusstsein, dass Haus und Garten nicht mehr so wie früher versorgt werden können, verunsichern Agnes. Die anstrengende Chemo und die Müdigkeit lassen sie lethargisch werden. Ihr einst so gepflegtes Äußeres ist Agnes egal. Sie schafft es nicht alleine, und der ambulante Pflegedienst darf nur das Allernötigste machen. Die Untersuchungsergebnisse verheißen nichts Gutes, und den drei Schwestern wird mitgeteilt, dass der Krebs weiter gestreut hat und eine Fortsetzung der ohnehin schon sehr anstrengenden Chemo keinen therapeutischen Effekt bringen würde. Der behandelnde Arzt empfiehlt nun ebenfalls ein Pflegeheim bzw. ein Hospiz, da es für Agnes keine Rettung geben wird. Ein schwerer Schlag.

»Wir haben uns zusammengesetzt und überlegt, wie wir unserer Mutter die letzten Monate so angenehm wie möglich machen können. Wir bezogen sie in unsere Planung mit ein. Wir wollten und konnten sie schließlich ja nicht entmündigen. Uns war klar, dass wir sie nicht aus ihrem Zuhause holen konnten. Wir wollten ihr das unbedingt ersparen und überlegten, wie wir mit einem Netzwerk von ambulanten Hilfen eine lückenlose, gute und würdige Versorgung gewährleisten können. Wir wussten ja, dass nicht mehr viel Zeit blieb. Mutter wollte weder in ein Pflegeheim noch in ein Hospiz, noch zu einem von uns, und es ging ihr zunehmend schlechter.

Wir ließen uns bei der Pflegeversicherung und beim Stütz-
punkt beraten und erfuhren, dass wir ein SAPV-Team (Spezi-
alisierte ambulante Palliativversorgung) beauftragen können.
Wir nahmen alle drei an einem Pflegekurs teil, der von der
Pflegeversicherung kostenlos für Angehörige angeboten wurde
und lernten dort einige hilfreiche Handgriffe. Im Nachbarort
gab es einen ehrenamtlichen Hospizverein. Das SAPV-Team
und der Verein kooperieren schon seit einigen Jahren. Eine
sehr nette Palliative-Care-Schwester kam, erklärte uns al-
les und führte dann ein Gespräch mit unserer Mutter. Die
Aussicht, dass sie in ihrem Haus mit Blick auf ihren Garten
bleiben konnte, beruhigte unsere Mutter sehr, und sie war
mit dem vorgeschlagenen Arrangement dann letztendlich ein-
verstanden. Ich hatte den Eindruck, dass sie erst jetzt ihre
Situation akzeptieren konnte.

Jede von uns Schwestern sprach mit ihrem Arbeitgeber,
und wir konnten glücklicherweise alle drei »Pflegezeit« in An-
spruch nehmen, was schließlich aber gar nicht mehr so lange
nötig war ...«

Auf eine kurzfristige Auszeit zur Organisation einer Pflegesituation für einen nahen Angehörigen hat jeder nach
Rücksprache mit dem Arbeitgeber und einer ärztlichen
Bescheinigung einen gesetzlichen Anspruch. Das gilt für
maximal zehn Tage und kann auf mehrere Angehörige
verteilt werden. Es gibt keine Lohnfortzahlung vom Arbeitgeber, allerdings hat man Anspruch auf Pflegeunter-
stützungsgeld, das 90 % des Nettolohns entspricht (weitere Infos in der Literaturliste).

Für längere Pflegezeiten von insgesamt bis zu sechs
Monaten gibt es Sonderregelungen. Hiermit kann eine
vollständige oder teilweise Freistellung von der Arbeit

beantragt werden. Die jeweilige Pflegeversicherung oder der regionale Pflegestützpunkte geben detaillierte Auskunft über die Finanzierung, Arbeitsschutzrechte, Versicherungsschutz, Übernahme von Sozialversicherungsbeiträgen und vieles mehr (siehe Anhang mit diversen Internetseiten zur Info).

Stefanie und ihre Schwestern haben für die Final-Phase für Agnes ein SAPV-Team in Anspruch genommen. Diese wird anders als die ambulante Pflege nicht über das SGB XI, sondern über das SGB V, § 37b geregelt und auch finanziert. D. h. hier ist nicht die Pflegeversicherung, sondern die Krankenkasse zuständig. Verordnungen und Beratung darüber kennt der behandelnde Arzt, der Sozialdienst im Krankenhaus oder auch der Pflegestützpunkt. Die speziell ausgebildeten Pflegekräfte arbeiten dann eng mit dem ambulanten Pflegedienst, den ehrenamtlichen Hospizhelfern und den Ärzten zusammen. So entsteht ein größeres »Hilfe-Netzwerk«. Ob die jeweiligen Familien das wollen, sollte im Familienrat besprochen werden, denn manchen Familien ist es nicht recht, wenn viele verschiedene Menschen im Haus ein- und ausgehen. Hier sollte die Selbstbestimmung nicht nur des Pflegebedürftigen, sondern auch der begleitenden Familie berücksichtigt werden.

Für eine Begebenheit mit ihrer Mutter ist Stefanie besonders dankbar:

»Ich kündigte meiner Mutter ungefähr eine Woche, bevor sie in ihrem Haus starb, einen Wellnesstag an. Das hatten wir oft mit meinen Schwestern gemacht. Wir vier Frauen gönnten uns gelegentlich einen »Weiber-Wohlfühltag« im Kosmetik-

studio, mit Cocktails, Geplauder und Gekicher. Ein Familientag sozusagen.

Dieses Mal waren es nur meine Mutter und ich ... unser persönlicher Abschied. Ich badete ihre Füße, schnitt ihre Nägel und lackierte sie knallrot. Dann machte ich das Gleiche bei ihren Händen. Sie genoss die Handmassage, mäkelte über den Geruch der Handcreme und fand den Nagellack »ein bisschen zu grell«. Aber all das akzeptierte sie dann doch, und ich glaube, dass sie an diesem Tag endgültig bereit für den Abschied war ... und ich konnte ihren Wunsch zu gehen jetzt auch akzeptieren. Ich konnte loslassen, denn wir haben ihr den selbstbestimmten Abschied ermöglicht, den sie sich gewünscht hat – in ihrem Haus und zu ihren Bedingungen.«

8

»ICH BIN SO ALLEIN MIT ALLEM«
Über soziale Isolation, Einsamkeit und
Partnerschaftsprobleme

....

*»Das Schlimmste waren nicht nur die Taten meines Vaters,
sondern dass ich mit niemandem darüber reden konnte. Ich
fühlte mich total alleingelassen. Ich konnte noch nicht einmal
mit meinem Mann darüber sprechen. Er wäre sicher ausge-
flippt ... Mein Mann hatte eh immer ein gespanntes Verhältnis
zu meinen Eltern und war genervt, dass ich so viel Zeit und
Kraft für die Versorgung der beiden opferte. Er fühlte sich,
glaube ich, vernachlässigt.*

*Es war jede Menge Bürokratie zu erledigen, ich war oft
unterwegs oder schaute nach dem Rechten bei meinen Eltern.
Das nahm viel Zeit in Anspruch. Ich wollte meinen Mann,
wenn ich schon mal zu Hause war, nicht auch noch mit den
Problemen, die sich dort abspielten, nerven.*

*Meine Mutter wurde innerhalb von knapp einem Jahr von
einem Pflegegrad 2 zu einem Pflegegrad 5. Ihre Alzheimer-
Demenz verschlimmerte sich sehr schnell. Dabei ist sie noch
so jung. Gerade mal 70 Jahre. Mein Vater ist 72 Jahre. Ein
aktiver, weitgehend gesunder Mann. Er war schon immer der
dominante Teil in der Ehe meiner Eltern. Meine Schwester und
ich haben ihn immer als strengen, fleißigen, sportlichen und dy-
namischen Vater erlebt. Er hatte viele Interessen und war aktiv
im Tennis- und Golfverein. Entsprechend viele soziale Kontakte
hatten meine Eltern. Meine Mutter und wir Töchter mussten
»funktionieren« und mit ihm bei Veranstaltungen und Festen
repräsentieren. Unsere Mutter war immer eine stillere, liebevolle Frau. Angst hatte sie vor meinem Vater nie gezeigt – wohl
aber großen Respekt. Was mein Vater sagte, wurde gemacht.* **73**

Als sich die Situation bei meinen Eltern verschlechterte und klar wurde, dass mein Vater mit der Versorgung unserer Mutter hoffnungslos überfordert war, schlugen meine Schwester und ich eine Tagespflegeeinrichtung vor. Eine Heimunterbringung kam für meinen Vater nicht in Frage. Was sollten seine Freunde aus dem Tennisverein denken! Mein Vater war genervt von den Aktionen, die meine Mutter mit zunehmender Demenz lieferte – er konnte sie quasi nicht aus den Augen lassen, da sie ihm sonst »das Haus über dem Kopf angezündet hätte«. Damit hatte er nicht ganz Unrecht, und deshalb erschien uns die Tagespflege eine gute Idee zu sein. Außerdem konnte mein Vater so auch seinen Hobbys nachgehen. Wir erhofften uns dadurch eine Entspannung auf beiden Seiten.

Im weiteren Verlauf wurde meine Mutter immer weniger. Sie nahm sehr ab, sprach kaum noch ganze Sätze und sagte immer wieder »Gleich ist alles gut«.

Ich glaube, die Ehe meiner Eltern war auch früher nicht besonders gut. Aber als Kinder hatten wir da natürlich kaum Einblick. Meine Schwester und ich gingen frühzeitig aus dem Haus, arbeiteten und hatten bald unsere eigenen Familien.

Eines Tages bat der Einrichtungsleiter um ein Gespräch mit meiner Schwester und mir ...«

Hier unterbricht die 43-jährige Britta unser Gespräch, und die Tränen laufen ihr nur so über das Gesicht. Sie braucht einige Zeit, bis sie weiterreden kann.

»Der Leiter der Tagespflege fragte uns, ob es ›Schwierigkeiten‹ geben würde, wenn meine Mutter zu Hause ist? Wie mein Vater mit ihr klarkäme? Wir waren etwas irritiert. Der Einrichtungsleiter zeigte uns Fotos und erklärte, dass sie das zu Dokumentationszwecken hätten machen müssen. Es wäre

aufgefallen, dass unsere Mutter meistens nach den Wochenenden besonders »schlecht drauf«, verängstigt und sprachlos wäre. Beim Toilettengang wären mehrfach blaue Flecken an der Innenseite der Oberschenkel aufgefallen ...«.

Meine Schwester ist total ausgerastet und hat den Tagespflegeleiter angeschrien, was er hier unterstellen wolle. Dann ist sie einfach gegangen. Ich war wie gelähmt und konnte nicht glauben, was ich da auf den Fotos sah. Der Leiter war sehr einfühlsam und sagte, dass wir am nächsten Tag weitersprechen könnten. Ich solle noch einmal mit meiner Schwester reden, und dann würden wir gemeinsam überlegen, was wir genau tun könnten. Von einem Gespräch mit meinem Vater riet er erst einmal ab. Ich ging wie paralysiert zurück nach Hause. Mit meinem Mann konnte ich – wie schon gesagt – nicht darüber sprechen. Meine Schwester war total wütend auf den Einrichtungsleiter und wollte unsere Mutter sofort »wegen der unfassbaren Unterstellungen« aus der Einrichtung herausnehmen. Das konnte ich erst einmal verhindern. Meinen Vater mochte ich nicht sehen oder sprechen. Zu ungeheuerlich war das, was da im Raum stand. Was würde man von meiner Herkunftsfamilie denken? Mein Vater ein Gewalttäter? Hatten wir etwas versäumt? Was würde uns der Einrichtungsleiter raten? Würde er die Polizei benachrichtigen? Ich fühlte mich total alleingelassen.«

Dass eine soziale Isolation eine extrem große Belastung ist, ist öfter zu hören. Freunde ziehen sich zurück, Freundschaften zerbrechen. Die mangelnde Zeit und die schwierigen Themen sind nicht immer hilfreich für einen gemütlichen Abend im Freundeskreis. Das ist gut nachvollziehbar. Doch gerade in Krisensituationen sind »gute Freundinnen«, die Familie, der Ehepartner oder Nachbarn eine Möglichkeit, emotionale Entlastung zu finden. Aus den unterschiedlichsten Gründen ziehen sich aber Vertraute in Pflegesituationen zurück. Britta hat keinerlei Unterstützung, weder von ihrer Schwester noch von ihrem Mann oder Freundinnen, denen sie sich nicht anvertrauen mag. Diese soziale Einsamkeit verschlimmert Brittas Situation.

Nach den angedeuteten Missbrauchsvorwürfen des Einrichtungsleiters bricht bei Britta und ihrer Schwester das gesamte Familienbild, das sie von ihren Eltern und besonders von ihrem Vater hatten, auseinander. Das Fundament der Familie ist erschüttert. Wie sollen die beiden Töchter mit dem im Raum stehenden Vorwurf umgehen? In der Familie wurde in der Kinder- und Jugendzeit der beiden Mädchen nicht oder nur sehr wenig über Sexualität gesprochen und schon gar nicht mit dem Vater.

So war der Einrichtungsleiter vorläufig der einzige Mensch, mit dem die beiden Schwestern über den Vorfall sprechen konnten. Tatsächlich gibt es in jedem Bundesland »Krisentelefone«, die insbesondere bei (sexualisierter) Gewalt in der Pflege mit Hilfeangeboten rund um die Uhr zur Verfügung stehen. (siehe Anhang!)

Solche Situationen alleine durchzustehen, ist kaum auszuhalten. Brittas Schwester brauchte ein paar Tage, um sich wieder zu sortieren. Dann suchte sie den Kontakt zu Britta. Gemeinsam nehmen sie das Gesprächsangebot des erfahrenen Einrichtungsleiters an. In dem Gespräch bietet er an, mit dem Vater zu sprechen und ihn ebenfalls mit den Fotos zu konfrontieren. Er ist eine »neutrale«

Person und nicht emotional wie die beiden Töchter mit dem Vater verbunden. Das schafft Distanz, die in so einem Fall unumgänglich ist. Den beiden Schwestern rät er, sich therapeutische Hilfe zu suchen und den Kontakt zum Vater vorläufig ruhen zu lassen, bis er mit ihm gesprochen habe. Für die Mutter empfiehlt er eine Kurzzeitpflege in einem benachbarten Pflegeheim, so dass die Töchter um die Sicherheit der Mutter wissen.

Die Einsamkeit in Pflegesituationen allgemein lässt sich ggf. mit Angehörigengruppen oder anderen Betroffenen mildern. Der Einrichtungsleiter erzählte von drei Frauen, die einen Elternteil in der Tagespflege hätten und sich regelmäßig zu dritt »reihum« mit ihren zu pflegenden Angehörigen einen Nachmittag treffen. So haben alle Beteiligten einen festen Termin und ein Austausch mit Betroffenen ist möglich.

Die besonders schwierige Situation von Britta und ihrer Schwester ist bei Bestätigung der Vorwürfe auch strafrechtlich relevant. Der Einrichtungsleiter und die beiden Schwestern wollen das Gespräch mit dem Vater abwarten, denn es sind vorläufig Indizien.

Die beiden Schwestern geben sich gegenseitig Halt. In ihrem Familienverbund sind sie jetzt die tragenden Säulen – die Mutter kann nicht mehr eigenverantwortlich leben, und der Vater ist definitiv mit der Situation überfordert. Gewalt ist da ein häufiger Katalysator – aber natürlich auf keinen Fall eine Lösung. Hier müssen andere Konzepte greifen. Auch das »Wegschauen« hilft nicht weiter, denn klar ist, dass die Mutter geschützt werden muss.

Die beiden Schwestern entscheiden sich später für eine dauerhafte Unterbringung der Mutter in einem Heim. Beide finden im einem Netzwerk (*www.pflege-gewalt.de*) ein weiteres Krisentelefon, wo fachkundige Beratung durch qualifizierte Betreuer ortsnah vermittelt wird.

»Meine Herkunftsfamilie ist auseinandergebrochen. Das ist sehr schmerzhaft, und wir müssen das Verarbeiten lernen. Dazu haben wir therapeutische Hilfe in Anspruch genommen. Dort kann ich auch meine Eheprobleme besprechen, obwohl sich die Beziehung zu meinem Mann wieder verbessert hat. Jetzt habe ich mehr Zeit für ihn ...

Meine Schwester und ich haben den Kontakt zu unserem Vater abgebrochen, und unsere Mutter wissen wir versorgt und geschützt in einer guten Pflegeeinrichtung mit einer Demenzwohngruppe. Sie ist richtig aufgeblüht.

Die Verbindung zu meiner Schwester ist intensiver geworden. Die Krise hat uns noch enger zusammengeschweißt. Mit ihr kann ich über alles reden.«

9

»ICH HALTE DURCH, BIS ER GESTORBEN IST«
Über psychische und physische Grenzen

....

Andrea ist wie viele pflegende Angehörige um die 50. Sie hat einen berufstätigen Mann und einen Sohn, der gerade eine Ausbildung macht und noch zu Hause lebt. Sie selber war schwer krebskrank und hat mehrere Operationen, mehrere Bestrahlungen und eine Chemo hinter sich. Eine harte Zeit, wie sie selber sagt:

»Als ich von meiner Diagnose erfuhr, ging es meinen Eltern noch gut. Sie lebten in ihrem Haus, in derselben Stadt wie meine Familie und ich. Alles war gut, bis mich das Verhalten meiner Mutter zunehmend irritierte. Sie war erst 68 Jahre alt, und sie verlegte ständig Sachen und fragte immer wieder das Gleiche. Das nervte richtig. Mein Vater war immer schon krank. Er war schon während meiner Kindheit wegen diverser Rückengeschichten oft im Krankenhaus. Später kam noch ein chronisches Nierenleiden dazu, wodurch er zum Frührentner wurde. Das hat er nur schwer verwunden und er wurde ein schwieriger »nörgelnder Zeitgenosse«. Meine Mutter nahm das klaglos hin, und ich gründete meine eigene Familie.

Zu meiner Mutter hatte ich immer ein sehr gutes Verhältnis. Sie war meine Vertraute. Mein Vater war immer sehr kühl und distanziert zu mir. Zu meinem Bruder war das Verhältnis besser – ein Männerding eben …

Meine Brustkrebsdiagnose teilte ich meinen Eltern nicht sofort mit. Ich wollte sie nicht zusätzlich belasten … und von meinem Vater hätte ich sowieso keine Unterstützung erwarten können. Meine Mutter wurde während dieser Zeit immer wunderlicher. Nach meiner ersten OP begann die Chemo, die mich sehr anstrengte. Parallel dazu verschlechterte sich der Zustand meiner Mutter rapide. Der Neurologe stellte die Diagnose »Frühe Alzheimer-Erkrankung«. Mein Vater tat so, als ginge ihn das Ganze gar nichts an – er ignorierte alle damit verbundenen Veränderungen. Im Verdrängen war er schon immer gut ... Es wurde schnell deutlich, dass die beiden sich nicht alleine weiterversorgen konnten. Eines Tages kam mein Vater zu mir ins Krankenhaus und sagte, dass er mit meiner Mutter in ein Betreutes Wohnen in der Stadt ziehen wolle. Er brauche Hilfe. Er könne das alles nicht mehr schaffen. Ich war total ärgerlich, denn um meine Mutter ging es irgendwie gar nicht. Da es mir gesundheitlich ebenfalls sehr schlecht ging, bat ich meinen Bruder, meinem Vater bei der Suche nach einer geeigneten »betreuten« Wohnung zu helfen.

Dann ging alles schnell, und unsere Eltern zogen in eine sehr schöne Einrichtung. Kurz nach dem Umzug bekam mein Vater seinen ersten Herzinfarkt. Er war immer übergewichtig und lebte nicht sehr gesund. Als ich ihn im Krankenhaus besuchte und ihn bat, sein Leben etwas umzustellen, reagierte er verärgert und sagte, ich solle mich nicht einmischen. Meine Mutter bekam von all dem nicht wirklich etwas mit. Ihre Alzheimer-Erkrankung schritt weiter fort, und nach einem Jahr in der neuen Wohnung starb sie ...«

Hier stockt Andrea kurz, wahrscheinlich weil sie selbst erschrocken ist, dass sie so deutlich ihre Gefühle artikuliert.

»Es war wirklich kaum noch mit anzusehen ... Ich glaube, es war eine Erlösung. Mein Vater zeigte sich wie immer relativ emotionslos. Er nahm die neue Situation zur Kenntnis und arrangierte sich mit unterschiedlichen Hilfsangeboten.

Als es mir nach meiner Therapie wieder besserging, besuchte ich ihn zwei- bis dreimal die Woche, brachte gesunde Lebensmittel für Frühstück und Abendbrot und unterhielt ihn. Das wurde mit wenig Dankbarkeit oder Herzlichkeit belohnt. Er schimpfte oft und fragte, was das eigentlich alles solle ... er käme schon zurecht.

Kurze Zeit später hatte er einen weiteren Infarkt, der eigentlich eine Operation erfordert hätte. Diese lehnte er jedoch ab, bis es schließlich meinem Bruder gelang, ihn zu der nötigen Bypass-Operation zu bewegen. Ich war ziemlich verletzt, dass unser Vater von mir überhaupt keinen Rat annahm und mich wie eine »Fußmatte« behandelte. Trotzdem besuchte ich ihn weiterhin jede Woche in seiner Wohnung, brachte ihm Lebensmittel, die er benötigte. Jedes Mal war es eine große Belastung für mich, wenn er alles – aber wirklich alles – kritisierte, was ich tat, sagte oder mitbrachte ...«

Eine fürsorgliche Tochter, die durch den abweisenden Vater emotional und psychisch an ihre Grenzen kommt. Keinerlei Wertschätzung zu erhalten ist für Andrea sehr schmerzhaft, auch wenn sie es seit ihrer Kindheit nicht anders kennt. Sie reduziert die Besuche, ruft stattdessen ihren Vater ein bis zwei Tage vorher an, um zu fragen, was er braucht. Der Besuchstermin wird dann jede Woche neu vereinbart. Um ihre Belastungsgrenze, die durch ihre eigene schwere Erkrankung deutlich gesunken ist, bewusst im Fokus zu behalten, sorgt Andrea so für ausreichend Balance. Die sozialen Kontakte des Vaters von früher sind für ihn weiterhin nutzbar, die »Kumpels« kommen zum Kartenspielen, was für Andrea eine Beruhigung ist, da sie somit weiß, dass er nicht einsam ist.

»Das klingt vielleicht komisch, aber wenn mein Vater dann an einem weiteren Infarkt sterben wird, dann ist es eben so ... Ich habe gelernt, dass es wichtig ist, meinen eigenen Anspruch zu erfüllen. Ich will mir nach seinem Tod sagen können, dass ich mein Möglichstes getan habe. Und wenn er eben nicht mehr zulässt, ist das allein seine Entscheidung. Ein »Mehr« würde er nur als übergriffig und bevormundend empfinden. Dafür würde ich keinen Dank, sondern eher Ärger ernten. Also lasse ich es, wie es ist. Ich habe meine Pflicht erfüllt und dennoch auch gut für mich gesorgt. Das halte ich so durch, bis er gestorben ist. Denn das bin ich meiner eigenen Familie und meiner Gesundheit schuldig.«

Es ist ein etwas ungewöhnliches, aber dafür sehr ehrliches Eingeständnis. Auf mich macht Andrea den Eindruck, dass sie sehr gesund mit ihren Grenzen umgeht.

»ICH HABE VERSAGT«
Über Mut- und Kraftlosigkeit

....

»Ich hatte eine wirklich glückliche Kindheit. Meine jüngere Schwester Melinda und ich wuchsen in einem schönen Haus mit Garten am Stadtrand von Frankfurt auf. Uns fehlte es an nichts, die Ehe meiner Eltern schien in Ordnung. Als wir Schwestern aus dem Haus waren und eigene Familien in Mainz gründeten, blieb ein enger Kontakt zum Elternhaus bestehen. Geburtstage und Feiertage wurden gemeinsam gefeiert, und die Enkelkinder bereiteten meinen Eltern große Freude. Alles ganz normal ...«

Julia ist Anfang 40 und eine gut gekleidete, elegante Erscheinung. Sie ist ein bisschen blass, als sie anfängt über das Sterben ihres Vaters zu erzählen.

»Naja, was ist schon normal ... Vor acht Monaten erhielt ich einen Anruf meiner Mutter. Ich solle schnell kommen, Vati ginge es nicht gut ... er wäre so komisch und würde merkwürdig daherreden ... Ich war sehr erschrocken und dachte sofort an einen Schlaganfall oder an eine Demenz. In kürzester Zeit war ich dort. Mein Vater lief im Haus herum und regte sich schrecklich auf, weil so viele fremde Leute im Haus wären. Er hätte sie nicht eingeladen, und sie würden alles stehlen ... Er ließ sich nicht beruhigen, aber wenigstens konnten meine Mutter und ich ihn überzeugen, mit uns ins Krankenhaus zu fahren. Er wurde dort notfallmäßig aufgenommen. Am nächsten Tag wurde die gesamte Diagnostik gemacht und im MRT konnte man sehen, dass da »etwas« im Gehirn war. Ein Schlaganfall und eine demenzielle Erkrankung wurden schnell **83**

ausgeschlossen. Bei einem Ganzkörper-CT fand man Metas-
tasen in Lunge, Leber und an den Rippen.«

Jetzt laufen Julia die Tränen über das Gesicht. Man merkt ihr ihre Erschütterung jetzt noch an.

»Wir waren total fassungslos, denn damit hatten wir über-
haupt nicht gerechnet. Wir hatten alle nichts bemerkt – mein
Vater wohl auch nicht ... Die Ärzte sagten uns, dass die Ver-
wirrtheitszustände von den Metastasen im Gehirn kommen
würde. Sie wüssten nicht, wo der Primärtumor lokalisiert sei
und aufgrund der weit fortgeschrittenen Metastasierung eine
invasive Therapie nicht ratsam wäre ... Das kam für meine
Mutter, meine Schwester und mich einem Todesurteil gleich.
Von einem Moment auf den anderen war nichts mehr wie vor-
her. Meine Mutter sagte gar nichts, und meine Schwester und
ich versuchten, einen klaren Gedanken zu fassen, was denn
nun zu tun wäre. Der Arzt machte uns wenig Hoffnung. Er
zeigte uns realistische Möglichkeiten zum weiteren Verlauf
auf und sprach von einer Überlebenszeit von etwa drei Mo-
naten ... Er riet uns, uns um einen Platz in einem Hospiz zu
kümmern. Unser Vater würde auf der Palliativstation stabi-
lisiert und mit Schmerzmedikamenten eingestellt. Sobald wir
einen Platz im Hospiz hätten, könne er verlegt werden.«

Nach einer solchen Schockdiagnose ist die Fassungslosig-keit in der Familie nachvollziehbar groß. In den Kranken-häusern gibt es immer einen Sozialdienst oder ein Ent-lassmanagement, der oder das bei der Vermittlung in die Häuslichkeit oder in eine andere stationäre Einrichtung (Pflegeheim, Kurzzeitpflege oder Hospiz) vermitteln, hel-fen und beraten. Das ist gesetzlich verankert. In diesem

Fall wollten die beiden Töchter auf keinen Fall, dass ihr Vater von zu Hause wegmusste. Sie wollten eine Pflege zu Hause organisieren und waren völlig überrascht, als die Mutter dieses ablehnte. Sie fand den Vorschlag des Arztes mit der Unterbringung im Hospiz sinnvoll und konnte sich eine Versorgung ihres Mannes zu Hause überhaupt nicht vorstellen. Das würde sie emotional überfordern, und außerdem sei die Pflege für sie nicht zu schaffen.

»Das war der zweite Schock! Wir hatten überhaupt nicht in Betracht gezogen, dass unsere Mutter eine andere Meinung haben könnte. Aber sie war sehr deutlich in ihren Äußerungen. Sie sei dem nicht gewachsen und müsse auch an sich denken. Wir waren offen gestanden sehr überrascht und versuchten anfangs, sie zu überzeugen … es wurde uns aber rasch klar, dass das überhaupt keinen Sinn machte.«

Für die Töchter eine Überraschung – aber eine Entscheidung, die von großer Klarheit der Ehefrau getragen war. Sie konnte und wollte die Pflege ihres todkranken Mannes nicht übernehmen. Mit dem Widerstand der Töchter hatte sie gerechnet und war bereit, sich dem zu stellen. In einer Familienkonferenz, die im Beisein des Sozialdienstes des Krankenhauses durchgeführt wurde, fiel die gemeinsame Entscheidung, dass der Vater bei Julia versorgt werden sollte. Der Sozialdienst kümmerte sich um ein SAPV-Team, um ein Pflegebett, einen ambulanten Pflegedienst und um diverse Hilfsmittel, und ein paar Tage später konnte die Entlassung erfolgen. Die Ehefrau besuchte ihren Mann jeden Tag im Haus ihrer Tochter, übernahm aber keinerlei Pflegeaufgaben. Sie schenkte ihm Zeit, wie sie immer wieder betonte, erzählte ihm Alltäglichkeiten und Geschichten von früher. Seine kognitiven Fähigkeiten ließen immer mehr nach, und er geriet immer mehr in einen Dämmerzustand.

»*Ich war ziemlich sauer auf meine Mutter – jedenfalls zu Anfang. Ich machte ihr unterschwellig Vorwürfe, die aber irgendwie an ihr abperlten. Wenn sie nach zwei Stunden ging, erzählte sie mir, dass sie jetzt zur Maniküre gehen würde oder sich mit einer Freundin im Kaffee treffen würde. Vielleicht war ich auch nur neidisch – darauf, dass sie für sich persönlich die richtige Entscheidung getroffen hatte. Ich merkte ziemlich schnell, dass ich mich mit der Pflege zu Hause massiv verschätzt hatte. Der Pflegedienst kam ja immer nur für eine bestimmte Zeit. Ebenso wie das SAPV-Team, das sich um Wundversorgung und Schmerzmedikation kümmerte. Der ehrenamtliche Hospizbegleiter kam zweimal die Woche für zwei Stunden. Die restliche Zeit war ich gefordert. Und das rund um die Uhr. Die Nächte waren besonders schwierig, da ich mehrfach aufstehen musste, weil mein Vater unruhig war, stöhnte oder am Bettgitter rüttelte. Ich schlief keine Nacht mehr durch. Wenn meine Mutter dann morgens anrief und sich erkundigte, wie es meinem Vater ging, blaffte ich sie an. Meine Schwester unterstützte mich zwar und kam fast jeden Tag, aber auch sie hatte von Anfang an deutlich gemacht, dass sie Vater nicht zu sich nehmen würde. Ich wurde immer mutloser, weil ich bald nicht mehr wusste, wie es weitergehen sollte. Das Gefühl des Versagens nahm bei mir stetig zu. Ich kam definitiv an meine Grenzen.*«

Mutlosigkeit ist ein häufiges Phänomen, von dem Angehörige berichten. Sie wissen nicht, wie die Pflege weitergehen soll, sehnen sich ein Ende der Belastungen herbei. Aber alle Szenarien sind irgendwie »nicht gut« – entweder Pflegeheim oder der Tod – beides wünscht man seinen Eltern doch nicht.

Dazu kommt die Angst vor dem Versagen – dass es nicht reicht, was man tut, dass die eigenen Kräfte zu Ende gehen, dass eine andere Lösung nicht wirklich möglich ist.

Julia hielt vier Wochen durch, dann brach sie zusammen und musste selber mit Kreislaufproblemen für ein paar Tage ins Krankenhaus. Nun gab es wieder Handlungsbedarf, denn allen war klar, dass ein Hospiz die beste Lösung wäre. Das SAPV-Team kümmerte sich um eine baldige Verlegung. Julias Vater hatte rapide an Gewicht verloren und war kaum noch ansprechbar, als er ins Hospiz verlegt wurde. Die Ehefrau und die beiden Schwestern wechselten sich jetzt im »Schichtsystem« ab, um bei ihrem Vater zu sein. Es war ersichtlich, dass er präfinal war.

»Ich habe versagt. Ich war dem Ganzen doch nicht gewachsen, denn ich hatte meine Fähigkeiten total überschätzt. So schlecht habe ich mich noch nie gefühlt. Ich hatte in den Augen meiner Mutter und Schwester nicht mein Bestes gegeben … dachte ich jedenfalls. Keine von beiden sagte das jemals. Keine machte mir Vorwürfe. Im Gegenteil: Meine Schwester war beeindruckt, dass ich es überhaupt versucht hatte. Meine Mutter war offensichtlich klüger«, klagt sich Julia selber etwas zynisch an.

Eine Pflegesituation ohne Erfahrungen wirklich genau einschätzen können die wenigsten Menschen – wie auch? Julia hat es versucht. Dass ihr Vater trotzdem in ein Hospiz musste, hat nichts mit Versagen zu tun. Es war die einzige Möglichkeit und für alle Beteiligten die Beste. Das konnte Julia aber erst mit etwas Abstand erkennen. Manchmal sind die Lebensumstände einfach nicht geeignet, oder die eigene Gesundheit ist gefährdet, oder man kommt einfach an seine emotionalen und psychischen Grenzen. Sich das ein- und zuzugestehen ist schwer, aber dringend nötig.

Die anfängliche Irritation und den Ärger auf ihre Mutter, dass sie von Anfang an die Pflege ihres Mannes für sich ausschloss, konnte Julia erst sehr viel später akzeptieren. Die Ehefrau kannte offensichtlich ihre Grenzen sehr genau und hatte auch den Mut – trotz des Unverständnisses ihrer Töchter – dazu zu stehen. Sie war trotzdem für ihren Ehemann da und begleitete ihn bis zum Ende im Sterbeprozess. Eine mutige Entscheidung, die aber einige Wochen nach dem Tod des Vaters noch in einer weiteren Familienkonferenz geklärt und besprochen werden musste. Damit sollte verhindert werden, dass die unterdrückten Emotionen das einstmals so intakte Familienverhältnis zerstören würde. Eine gute Möglichkeit, offene Dinge zu besprechen und zu klären.

»Mir hat es sehr geholfen, meine Enttäuschung gegenüber meiner Mutter auszusprechen. Sie hat das auch verstanden und konnte mir erklären, warum sie so gehandelt hatte. Mir ist dann auch klar geworden, dass jeder für sich entscheiden muss, was er leisten kann und will. Ich habe es versucht. Dass ich es nicht bis zum Ende durchgehalten habe, ist kein Versagen meinerseits, sondern ich hatte die Stärke, es vier Wochen lang durchzuhalten ... Wie immer eine Frage der Perspektive«.

11

»PLÖTZLICH RUTSCHTE MIR DIE HAND AUS«
Über Kontrollverlust und Gewalt

....

»Ich mochte meine Schwiegermutter schon immer. Meine eigene Mutter ist gestorben, als ich noch ein kleines Kind war. Ich habe kaum Erinnerungen an sie. Als ich Jochen heiratete, wurde ich schnell mehr als »nur« eine Schwiegertochter – Marie war meine Mutter – und so nannte ich sie auch. Sie war auch zu unseren beiden Töchtern wundervoll. Es gab überhaupt keine Diskussion darüber, als mein Schwiegervater starb, ob Marie in unser Haus ziehen würde – es ergab sich wie von selbst. Sie wohnte zu weit weg, um öfter hinzufahren, und Jochen war ihr einziges Kind. Sie war mit ihren 79 Jahren noch sehr mobil, aber sie war gelegentlich schon etwas »tüddelig«, wie man hier im Norden sagt.

Die ersten Monate waren noch problemlos. Jochen hatte einen 50-Stunden-Job in der Bank, ich eine Vollzeitstelle in der örtlichen Bibliothek. In unserer Freizeit waren wir beide im Tennisverein aktiv und mit Freunden unterwegs. Ein ausgefülltes Leben.

Unsere beiden Töchter waren gerade aus dem Haus, so dass wir ausreichend Platz hatten. Ich weiß gar nicht, wann genau es anfing, aber als ich eines Abends nach Hause kam, waren meine Fensterbänke plötzlich leer. Marie hatte alle Pflanzen auf den Komposter geworfen. Als ich sie zur Rede stellte, stritt sie alles ab. Sie sei das nicht gewesen ... Naja, was soll ich sagen ... dass es eine Demenzerkrankung war, zeichnete sich ja vorher schon ab. Keine zwei Wochen später fand ich Marie auf dem Boden liegend vor. Neben sich einen Stuhl, auf den sie wohl gestiegen war ›um Gardinen abzunehmen‹ ... sie musste *mehrere Stunden dort gelegen haben, denn sie war beschmutzt und redete wirr und weinte gleichzeitig. Sie hatte sich den Oberschenkelhals gebrochen, wie der herbeigerufene Notarzt schnell feststellte ... OP, Krankenhausaufenthalt ... das volle Programm. Eine Reha war nicht möglich, also kam Marie fast völlig immobil wieder nach Hause zu uns. Ich beauftragte einen Pflegedienst – ein Pflegegrad war schon im Krankenhaus beantragt worden. Eine Kurzzeitpflege wollte sie nicht, und es war auch so kurzfristig kein Platz zu bekommen.«*

Gefahren werden bei einer demenziellen Erkrankung häufig nicht richtig eingeschätzt. Es ist nicht ungewöhnlich, dass es zu Unfällen, Stürzen oder noch Schlimmerem kommt. Die Langzeitfolgen sind oft gravierend, da eine Rehabilitation ein aktives »Mitmachen« voraussetzt. Immobilität verursacht Folgeerkrankungen: Thrombosen, Embolien und daraus entstehende Schlaganfälle, Lungenentzündungen und vieles mehr. Die Pflegebedürftigen versterben dann an diesen Folgeerkrankungen und nicht an der eigentlichen Demenz.

Kurzzeitpflegeplätze sind begehrt und nicht immer in der Nähe oder in der Wunsch-Einrichtung verfügbar. Wartezeiten oder weitere Anfahrtswege müssen in Kauf genommen werden. Hier kann der Sozialdienst des Krankenhauses sehr gut weiterhelfen, denn dort gibt es umfangreiche Adressen potenzieller Einrichtungen, und die Mitarbeiter dort können manchmal mehr erreichen.

»Als Marie wieder zu Hause bei uns war, war unser gesamter Alltag auf den Kopf gestellt. Es war klar, dass wir sie nicht den ganzen Tag alleine lassen konnten. Der Pflegedienst kam zwar für die Grundpflege morgens und abends, aber dazwischen

lagen viele Stunden. Jochen konnte kaum zeitliche Freiräume
für seine Mutter im beruflichen Alltag schaffen. Irgendwie
ging er wie selbstverständlich davon aus, das ich ›das schon
irgendwie regeln würde‹ ... das machte mich unterschwellig
ziemlich wütend. Ich vereinbarte mit unserer Haushaltshilfe
Selma, dass sie praktisch als ›Gesellschafterin‹ fünf Stunden
täglich bei Marie bleiben und weiterhin die anfallende Haus-
arbeit erledigen sollte. Essen konnte Marie zu Anfang noch
alleine, als aber die Demenz fortschritt und Inkontinenz und
Schluckstörungen dazukamen, war Selma, die keine Pfle-
geausbildung hatte, natürlich überfordert. Sie meldete sich
kurzfristig krank.«

Wenn das mühsam aufgebaute Konstrukt zur Versorgung
der Angehörigen plötzlich zusammenbricht, geraten auch
die Emotionen ins Wanken. Das Gefühl der Überforderung stellt sich ein – man fühlt sich alleingelassen, und
das macht wütend. So war es bei Sybille. Sie vereinbarte
mit ihrem Arbeitgeber eine befristete Stellenreduzierung.
Nicht unüblich für pflegende Angehörige – besonders für
Frauen, die damit aber leider auch Versorgungslücken in
ihrer eigenen Altersvorsorge schaffen ...

»Ich merkte, dass ich immer dünnhäutiger wurde. Jochen und
ich hatten öfter Streit. Wenn ich bei Marie war, ging es mir
immer nicht schnell genug. Manchmal sperrte sie sich regel-
recht, wenn ich ihr Bett neu beziehen musste. Ich beobachtete
voller Scham, dass ich sie recht unsanft von einer Seite auf die
nächste drehte. Einmal hatte sie wohl Angst, aus dem Bett zu
fallen, und sie klammerte sich an meinem Arm fest, so dass es
mir wehtat ... und plötzlich schlug ich ihr mit der flachen Hand
auf den Arm ... man konnte alle fünf Finger erkennen ...«.

Hier wendet Sybille verschämt ihr Gesicht ab, damit ich die Tränen in ihren Augen nicht sehe. Frustration hat sich bei Sybille in Gewalt verwandelt. Gewalt gegen Pflegebedürftige ist ein Symptom einer Überforderung. Grenzen werden überschritten. Das entschuldigt nichts, denn Gewalt ist immer falsch.

Sybille hat sich Hilfe geholt, denn ihr schlechtes Gewissen ließ sie nicht mehr los. Sie kontaktierte eine Hilfe-Hotline bei Gewalt in der Pflege (siehe letztes Kapitel), sprach mit Jochen über ihre Überforderung, ihre Wut und Einsamkeit.

Jochen nahm jetzt erst wahr, dass Sybille an ihrer Belastungsgrenze angelangt war. Gemeinsam überlegten die beiden, wie sie Maries Pflege besser organisieren könnten.

»*Jochen schlug vor, dass wir Marie in ein Pflegeheim bringen. Ich wollte das nicht. Ich hänge sehr an meiner Schiegermutter ... deshalb schäme ich mich so wegen des Schlages ... das wird nie wieder vorkommen! Ich bleibe vorläufig bei meiner Teilzeitstelle und arbeite nur noch bis mittags. Nachmittags kann ich mich dann um Marie kümmern. Wir haben privat eine Pflegerin über die Arbeitsagentur eingestellt, die vormittags vier Stunden bei Marie ist. Den Haushaltskram hat Selma wieder übernommen. Sie war wohl auch überfordert. Ich habe ihre Grenzen nicht erkannt, meine auch nicht und die von Marie schon gar nicht! Marie hatte sich natürlich nicht absichtlich so an mir festgehalten, dass es mir wehtat. Ich habe bei unserer Krankenkasse an einem Pflegekurs für Angehörigen teilgenommen und mich weiter über Demenz informiert. Das hat mir bei der Versorgung sehr geholfen. Jetzt sitze ich oft bei Marie, lese ihr aus der Zeitung vor oder schaue mit ihr alte Fotoalben an. Ich möchte mein Versagen*

wieder gutmachen ... Marie selbst hat den Vorfall ja zum
Glück wieder vergessen.«

Grenzen können einengen, aber sie können auch schützen. Sybille und Marie werden durch Unterstützung und Hilfe einen guten Weg finden, das eine vom anderen zu unterscheiden.

12

»... IN GUTEN WIE IN SCHLECHTEN ZEITEN«
Über Partnerpflege

....

»Man sagt ja, man wächst an seinen Aufgaben – aber das stimmt nicht ...

Es ist schwer, sich von seiner Liebsten zu verabschieden, obwohl sie noch da ist. Elvira ist die Liebe meines Lebens. Wir haben uns im Studium kennengelernt und jung geheiratet. Wir haben vier Kinder, die mittlerweile über die ganze Welt verstreut sind, und wir waren beide erfolgreich im Beruf. Ich als Mediziner in einer großen Forschungseinrichtung und als Professor an einer Uni und Elvira als Dolmetscherin. Wir sind viel gereist, wir waren oft in Amerika – beruflich und privat – auch in Asien und Australien. Wir haben uns auf den Ruhestand bewusst vorbereitet und waren finanziell gut abgesichert. Und dann kam die Alzheimer-Demenz. Mir als Mediziner war das ziemlich schnell klar. Als Elvira anfing, über Giraffen im Flur zu sprechen und das in Spanisch, wusste ich, dass das keinen guten Ausgang nehmen würde.«

Hier schweigt Theodor in Erinnerung an den Beginn kurz, um dann schnell weiterzuerzählen.

»Sie war körperlich eine gesunde, starke Frau, aber der geistige Verfall ging rasant voran. Wir hatten immer Hilfe in unserem großen Haus, so dass ich erst einmal alles aufrechterhalten konnte.«

Eine finanzielle Sicherheit ist eine nicht unwesentliche Grundlage, um eine Versorgung zu Hause sicherzustellen.

Es gibt über die Pflegeversicherung zwar einiges an finanzieller Unterstützung, Beratung und Schulungsangeboten, aber den »Luxus« einer täglichen Haushaltshilfe kann sich nicht jeder leisten, und wird natürlich auch nicht von der Pflegeversicherung abgedeckt.

»Ich musste mich organisatorisch um alles kümmern – das hatte bisher immer Elvira gemacht. Zum Glück kenne ich mich ja mit Krankenkassen und Medizin gut aus, aber es war einfach eine große Herausforderung, das alles zu übernehmen. Noch dazu für meine Frau, die meine Lebenspartnerin ist und nicht meine Mutter. Wenn Kinder sich um ihre Eltern kümmern ... ok, das ist was anderes. Ich bin doch ihr Ehemann ...«

Rollenwechsel – und wohl einer der schwierigsten Art. Wenn man ein Leben lang partnerschaftlich verbunden war, und dann plötzlich alleine die alltägliche Vollversorgung übernehmen muss, ist das schon schwierig genug. Die körperliche Pflege ist für Ehepartner eine Herausforderung. Dass Sexualität im Alter seit einiger Zeit aus der Tabu-Ecke herausgeholt wird, ist gut und richtig. Wenn ein Ehepartner den Körper, den er früher zärtlich gestreichelt hat, nun von Exkrementen säubern muss, ist das eine einschneidende Veränderung in der Symmetrie der bisherigen Partnerschaft. Der Verlust, die Trauer und der Zorn sind Gefühle, die jetzt an die Oberfläche treten. Das ist kaum auszuhalten. Theodor deutet diese Thematik auch nur unterschwellig an. In seiner Generation spricht man (sogar als Mediziner) nicht über so etwas ...

»Sie fehlt mir – mein Gegenüber – mein Gleichgewicht – sie fehlt mir so ... Sie spricht, wenn überhaupt oft nur ein paar **95**

spanische Brocken – oder wimmert und schreit. Ich kann nicht mit ihr reden wie früher. Sie ist einfach nicht mehr da. Eigentlich bin ich schon jetzt Witwer ... Und sie sagt mir auch nicht, was ich tun soll. Ich weiß, dass ich das nicht mehr lange durchhalte, sie hier zu Hause zu pflegen. Aber sie gehört doch hierher ... wir haben uns das doch versprochen ... In guten wie in schlechten Zeiten ... wir hatten lange eine gute Zeit. Es kommt mir wie ein Verrat vor, wenn ich sie jetzt, wo es schlechte Zeiten sind – abschiebe«.

Pflichtgefühl, Eheversprechen, lebenslanges Beieinanderbleiben – das sind Werte, die in dieser Generation eine Selbstverständlichkeit sind. Für Theodor wird die Last auf seinen Schultern zunehmend schwerer und seine Verzweiflung steht seiner Treue zu seiner Liebsten entgegen. Er will ihr Bestes. Nur das ist gerade gut genug für Elvira. Und das scheint für sie und ihn das gemeinsame Zuhause zu sein. Er hat schon sein geistiges Gegenüber aufgeben müssen, nun will er sie wenigstens physisch so lange wie möglich bei sich behalten. Ein Balanceakt – mal wieder!

»Wir haben das so nicht geplant und eigentlich kaum über eine solche Möglichkeit gesprochen, obwohl ich es eigentlich hätte besser wissen müssen. Aber man denkt ja immer, es trifft nur die Anderen. Jetzt bin ich selber auch alt, und meine Kräfte lassen nach. Ich fühle mich sehr alleine – in Elviras Welt habe ich keinen Platz mehr ... Ich habe zwar viel Hilfe rundherum, aber die Nächte sind anstrengend. Da ist sie oft unruhig und ich muss sie manchmal waschen ... Ich kann sie doch nicht so liegen lassen, bis morgens der Pflegedienst kommt. Unser Freundes- und Bekanntenkreis hat sich sehr verkleinert. Da haben ja alle ihre eigenen Probleme, die sind ja alle in unserm

Alter. Und mit Elvira unterhalten kann man sich ja nicht mehr
... sie schreit, wenn jemand ihr Unbekanntes kommt ... Und
ich kann nicht weg. Ich bin gefangen, wie ein Kind, das Haus-
arrest hat.«

Das Pflichtgefühl, das Theodor seiner Frau Elvira gegenüber empfindet, treibt ihn zusätzlich zu dem schwierigen Rollenwechsel in eine soziale Isolation. Außer zu den
Pflegekräften, Therapeuten und Haushaltshilfen gibt es
für ihn kaum Möglichkeiten, mal »auf andere Gedanken
zu kommen«. »Meine Welt ist klein geworden – es dreht
sich alles um die Pflege von Elvira« sagt er selber. Dabei
klingt Theodor gar nicht ärgerlich oder frustriert, sondern
traurig. Er erlebt ein schrittweises Sterben – ein Sterben
auf Raten.

Theodor weiß, dass die Situation nicht dauerhaft so weitergehen kann. Er wird eine Entscheidung treffen müssen.
Manchmal verändern sich Dinge, ohne dass man lange
planen kann oder muss. Ein paar Wochen nach unserem
Gespräch stürzt Theodor, als er nachts nach Elvira sieht
und bricht sich den Oberschenkelhals. Er wird notfallmäßig operiert. In der Zeit kommt Elvira zur Kurzzeitpflege
in eine stationäre Pflegeeinrichtung. Dort angegliedert ist
ein Betreutes Wohnen. Hier nimmt sich Theodor, der sich
nach der OP gut erholt, eine Wohnung. So kann er schon
morgens zum Frühstück bei Elvira sein, sich den ganzen
Vormittag bei ihr aufhalten und die Therapien begleiten.
Er hat Anteil an Elviras Leben, und das gibt ihm das Gefühl von Gemeinsamkeit. Mittags macht er eine kleine
Pause, um nachmittags wieder bei ihr zu sein. Ein bisschen Alltag für das »alte Ehepaar«. Nun kann er in »guten

wie in schlechten Zeiten« bei ihr sein und seine eigenen Bedürfnisse nach Ruhe oder sozialen Kontakten erfüllen.

»Vielleicht ist es manchmal ganz gut, dass man nicht weiß, was einen erwartet. Als ich operiert werden musste, dachte ich, dass jetzt alles vorbei ist und ich meine Elvira nie wiedersehe. Sie wurde gut versorgt und liebevoll gepflegt. Als ich mich erholt hatte, fand sich die Lösung wie von selbst. Man kann eben einfach nicht alles planen ... den Lebensabend haben wir uns anders vorgestellt. Nun müssen wir eben Kompromisse machen.

Kein Happy End, wie wir es uns gewünscht haben«, sagt Theodor etwas wehmütig.

Aber an seinem entspannten Gesicht kann man erkennen, dass er seinen Frieden mit der Situation gemacht hat.

13

»ICH WAR TRAURIG UND AUCH ERLEICHTERT«
Über Abschied und Tod

»Hauptsache, der Friedhof ist in Ordnung, sagte mein Vater immer. Ich fand das etwas nervig, denn unserer Mutter ist es sicher ziemlich egal … auch wenn sie Blumen immer gerne mochte. Er bestand darauf, mindestens einmal die Woche nach dem Rechten zu sehen, Blumen zu gießen, Unkraut zu jäten und die Steine abzufegen, fast ein Ritual. Es war ihm wichtig, dass »die Leute« sahen, dass er regelmäßig zum Grab seiner Frau ging. Vielleicht war es auch einfach nur von Bedeutung für ihn, dass er einen festen Termin hatte und dort immer irgendwelche Bekannten traf. Der Friedhof als sozialer und kommunikativer Treffpunkt. Mir war nicht so ganz klar, warum das so wichtig für ihn war.«

Martin hat sich als einer der wenigen Männer eine Pflegezeit genommen, als sein Vater Gerhard nach einem schweren Schlaganfall nicht mehr alleine leben konnte. Er wollte in seiner kleinen Wohnung, in der er lange mit Martins Mutter gelebt hatte, bleiben. Martin lebt mit seiner Familie in derselben Großstadt, allerdings in einem anderen Stadtteil. Mit den öffentlichen Verkehrsmitteln ist er in weniger als einer halben Stunde dort, mit dem Auto geht es je nach Verkehrslage etwas schneller.

»Als mein Vater aus dem Krankenhaus entlassen werden sollte, konnte er nur mit Hilfe einer Pflegekraft in einen Sessel mobilisiert werden – laufen ging fast gar nicht oder nur mit Hilfe. Die Sprache war sehr verwaschen, er fand nicht immer

die richtigen Worte, und er hatte eine Schluckstörungen, so dass er über eine PEG (Percutane endoskopische Gastrostomie, Ernährungssonde über die Bauchdecke) ernährt werden musste. Ein Trauerspiel! Da ich als Angestellter im öffentlichen Dienst mit meinem Arbeitgeber die Pflegezeit vereinbart hatte, konnte ich jeden Tag bei meinem Vater sein. Durch seinen Pflegegrad 4 hatte er Anspruch auf viel Hilfe durch den ambulanten Pflegedienst. Er bekam Krankengymnastik, und ich kümmerte mich um eine Logopädin, die mit meinem Vater Sprech- und Schluckübungen machte. Von den Schwestern wurde er morgens den Tag über in den Sessel mobilisiert, aber nach ein paar Stunden schlief er ein und rutschte dann fast aus dem Sessel. Ich brachte ihn dann alleine wieder in sei Pflegebett.

Er ließ alles klaglos über sich ergehen, aber manchmal rollte eine Träne aus seinem Auge. Es war ihm nicht recht, dass er so viel Hilfe brauchte. Ich habe das gerne gemacht und viel mit ihm geredet. Er war nicht desorientiert – es dauerte bloß ein bisschen, bis er einen Satz zusammenhängend herausbrachte.

Zeit hatte ich ja – und so war es auch eine kostbare Zeit, die wir miteinander verbrachten. Ihm und mir war klar, dass das nicht ewig gehen würde. Meine Frau kam mittags, wenn sie die Kinder aus der Schule abholte und besuchte uns manchmal. Mein Vater freute sich immer sehr, wenn seine Enkel da waren.«

Die Unterstützung der Frau und der Kinder in der Pflegesituation ist eine wichtige emotionale Hilfe für Martin. Dass er mit der Familie und dem Arbeitgeber so problemlos eine gute Lösung finden konnte, ist nicht überall selbstverständlich. Häufig dauern diese Pflegearrangements mehrere Jahre. Bei Gerhard war die Prognose der behandelnden Ärzte schlecht, so dass Martin sich auf den nahenden Abschied von seinem Vater vorbereiten konnte. Das Loslassen ist ein Prozess. Vater und Sohn konnten durch die gemeinsam verbrachte Zeit schrittweise Abschied nehmen.

»Ich habe es als anstrengend empfunden, mich gegenüber Freunden, Bekannten und Verwandten erklären zu müssen, warum wir Vater nicht in ein Pflegeheim gegeben haben. Manchmal hörte ich unterschwellig heraus, dass mein Vater hoffentlich bald sterben würde ... ›Das ist doch kein Leben mehr‹ und ›Ich würde das meinen Kindern nicht zumuten wollen‹, hörte ich öfter. Es kam mir so vor, als wäre der Tod meines Vater ›sozial erwünscht‹ ... er war eine Last für seine Familie und auch für das Sozialsystem ... so interpretierte ich die Aussagen und fand das sehr verletzend«.

Soziale Isolation ist eine Erschwernis in der Pflegesituation, aber zusätzlich ungefragte Statements zu hören ist schwierig. Für Martins Gleichgewicht war es wichtig und richtig, sich eine Auszeit im Job zu nehmen und die letzte Zeit mit seinem Vater zu verbringen. Es war seine bewusste Entscheidung, und niemand Außenstehendes hat das Recht diese Entscheidung in Frage zu stellen.

»Wir hörten oft Musik, sahen fern oder erzählten von früher. Natürlich war es auch anstrengend, körperlich und emotional. Mir fehlten meine Frau und Kinder und die tägliche Routine mit ihnen. Es war eine Ausnahmesituation. Aber auch das gehört für mich zum Leben eben dazu. Ich habe immer ein gutes Verhältnis zu meinen Eltern gehabt. Es war mir eine Selbstverständlichkeit, etwas zurückzugeben.«

Frauen und Männer, die ein enges Verhältnis zu ihren Eltern hatten, eine gute Kindheit und keine biografischen Brüche, sind häufiger bereit, die Pflege der Eltern zu übernehmen. So auch bei Martin. Für ihn ist es eine Selbstverständlichkeit – ein Liebesdienst.

»Mein Vater bekam durch die Schluckstörungen eine Lungenentzündung. Sie wurde mit Antibiotika behandelt. Er erholte sich nur langsam und konnte gar nicht mehr in seinen Sessel. Er sprach weniger, und ich konnte sehen, dass er nicht mehr leben wollte. Ich glaube er war ›lebenssatt‹. Ich sprach mit ihm darüber, ob er noch einmal ins Krankenhaus wollte, er lehnte das ab. Als er ein paar Wochen später wieder eine Lungenentzündung hatte, waren seine Augen müde ... er starb im Beisein meiner Frau und mir ...«

Der Tod kommt immer zu früh, sagt man – manchmal ist er aber auch ein Freund. Gerhard war des Lebens müde und wollte nicht mehr leiden. Martins stille Zustimmung hat ihm sein Sterben vielleicht etwas leichter gemacht. Ein Loslassen auf beiden Seiten – in gegenseitiger Balance.

»Mein Vater hatte zum Glück alles geregelt. Ich wusste, wie er sich seine Beerdigung vorgestellt hatte und dass er mit meiner Mutter die Grabstelle teilen wollte. Ich organisierte alles nach seinem ›letzten Willen‹. Eine letzte Ehre, die ich ihm erweisen wollte. Sein Tod hat mich getroffen. Er fehlt mir! Aber offen gestanden bin ich auch erleichtert: dass er nicht mehr leiden muss, dass er seinen Frieden gefunden hat und auch, dass ich wieder Zeit für meine Familie habe und wieder in meinen Job zurückkehren konnte. Ich gehe übrigens jede Woche zum

Friedhof, gieße die Blumen, zupfe Unkraut und fege die Steine ab ... manchmal treffe ich dort Bekannte ... und dann rede ich mit ihnen über meinen Vater ...«

Da Sie in meinen Fallgeschichten einige zu demenziellen Erkrankungen gelesen haben, hier ein kurzer Abriss des Themas (ausführlichere Literaturempfehlungen am Ende des Buches).

Nach der Ergebnispräsentation des DRK Pflegereports 2017 gibt es etwa 1,6 Millionen demenziell Erkrankte in Deutschland. Täglich kommen etwa 900 neue Patienten dazu. Davon sind 32 % Männer und 68 % Frauen. Zwei Drittel der Menschen mit dieser Erkrankung werden von Angehörigen gepflegt. Nach spätestens einem Jahr nach Erstdiagnose wird knapp die Hälfte stationär aufgenommen.

Bemerkenswerterweise ist es nach meiner Wahrnehmung gesellschaftlich weniger ein Tabu, seine demenziell erkrankten Angehörigen in eine stationäre Einrichtung zu geben, als wenn es sich um die »normale« Pflege der Angehörigen handelt.

41 % der Bevölkerung macht sich Sorgen, einmal selbst an Demenz oder einer ihrer vielen Formen zu erkranken. Und sogar 59 % der Angehörigen von Menschen mit Demenz haben dieselbe Angst.

Was ist Demenz? Der Ausdruck kommt wie die meisten medizinischen Begriffe aus dem Lateinischen und bedeutet so viel wie »unvernünftig, ohne Verstand«. Das ist so falsch wie stigmatisierend. Die Betroffenen verlieren ihre im Laufe des Lebens erlernten und erworbenen Fähigkeiten. Wortfindungsstörungen bis hin zum kompletten

Sprachverlust, zeitliche und örtliche Orientierungslosigkeit, die Fähigkeit, sich koordiniert zu bewegen, sich zu erinnern, vertraute Dinge und Personen zu erkennen und zuzuordnen und vieles mehr gehören dazu. Das ist so verstörend wie beängstigend. Nicht umsonst ist es wohl eine »Ur-Angst«, im Alter nicht mehr man selbst zu sein ...

Es gibt unterschiedliche Formen der Erkrankung, z. B. Demenz bei Alzheimer-Krankheit (ca. 60 %), vaskuläre (gefäßbedingte) Demenz (ca. 20 %), Mischformen (ca. 15 %) und weitere Demenzformen (ca.10 % z. B. Parkinson Demenz, frontotemporale Demenz, medikamentös oder stoffwechselbedingte Demenz oder Demenz in Folge eines Schädel-Hirn-Traumas).(*www.demenz.behandeln.de*)

Der Verlauf einer demenziellen Erkrankung ist nicht immer gleich bzw. vorhersehbar und eine Erstdiagnose immer noch schwierig. Eine beginnende demenzielle Erkrankung hat viele »Gesichter«.
Warnzeichen können sein:

- Kürzliche Ereignisse werden vergessen
- Bekannte Tätigkeiten können nicht mehr durchgeführt werden
- Interessenlosigkeit
- Orientierungsstörungen
- Fehlender Überblick über Finanzen
- Fehleinschätzung von Gefahren
- Stimmungsschwankungen, Reizbarkeit, Ängste und zunehmendes Misstrauen
- Hartnäckiges Abstreiten von Irrtümern, Verwechslungen oder Fehlern

Es gibt leider bis heute keine einschlägige Therapie, die die Erkrankung heilt. Wohl aber gibt es Möglichkeiten, das Fortschreiten zu verlangsamen.

Unterschieden werden drei »Stadien« der Demenz: leicht-, mittel- und schwergradige Demenz.

Bei der **leichtgradigen Demenz** gibt es tatsächlich die sprichwörtliche Vergesslichkeit, z. B. wo der Haustürschlüssel abgeblieben ist und dieser sich dann im Kühlschrank wiederfindet. Komplexere Abläufe werden in diesem Stadium zunehmend eine Überforderung. Es kommt zu Vermeidungsverhalten. Routinetätigkeiten wie Haushaltsführung können noch gut durchgeführt werden. Häufig werden regelrechte Fassaden errichtet, damit die zunehmenden Defizite von der Familie nicht erkannt werden.

Belastend sind für die Betroffenen und Angehörigen besonders die Affekt- und Antriebsstörungen, wie Motivationsstörungen (werden häufig mit Depressionen verwechselt), Reizbarkeit oder Distanzlosigkeit. Man sagt landläufig, dass sich im Alter Charaktereigenschaften verstärken, aber es können eben auch erste Anzeichen einer demenziellen Erkrankung sein. Es ist schwierig, hier frühzeitig aufmerksam zu werden, denn die Übergänge sind fließend.

Mittelgradige Demenz zeigt etwas deutlichere Symptome wie Wissensverluste, und die zeitliche und örtliche Orientierungslosigkeit ist ausgeprägter. Ereignisse aus der Kindheit und Jugend sind häufig sehr präsent, und die Angehörigen werden plötzlich vielleicht zur längst verstorbenen Mutter oder Bruder. Manche Erkrankten sind antriebslos und lethargisch, andere fangen an, unruhig zu werden und haben einen verstärkten Bewegungsdrang, sie »laufen«. Meistens laufen sie nicht bewusst weg, sondern irgendwo hin ... sie haben ein Ziel oder müssen eine Aufgabe erfüllen, einen Termin wahrnehmen oder wollen einfach nach Hause.

Bei **schwerer Demenz** kommt es immer stärker zu einem Gedächtnisverlust. Die Patienten sind örtlich, zeitlich und zur Person nicht mehr orientiert – allerdings nicht immer. Manchmal erkennen demenziell Erkrankte Angehörige oder die Situation und haben »lichte Momente«. Der Mensch verstummt, Emotionen schwanken stark. Eigentlich ist selbstständige Mobilität noch möglich, aber das Gehirn kann Körperteile nicht zielgerichtet steuern. Es kommt zu Stürzen und Verletzungen. Schlucken und Atmen wird schwieriger.

An Demenz stirbt man eigentlich nicht, aber an den Folgen von darauf begründeter Bettlägerigkeit, Lungenentzündungen durch Aspiration (Verschlucken), Unfällen oder anderen Begleiterkrankungen.

Es gibt sehr viel Literatur zum Thema, darunter Medizinisches, Ratgeber und Erfahrungsberichte, und auch online sind viele hilfreiche Informationen abrufbar (siehe weiterführende Literatur und Netzwerke). Einige Angehörige und sogar (prominente) Erkrankte selber haben Erfahrungsberichte veröffentlicht, in denen sie die Erkrankung, den Umgang damit, aber auch die Schwierigkeiten, das Loslassen und schöne Erlebnisse beschreiben und verarbeiten.

Emotionen und Gefühlslagen sind also in jedem der drei Stadien immer noch vorhanden. Das sollte von den pflegenden Angehörigen nicht vergessen werden, denn auch, wenn es uns schrecklich erscheint, dement zu sein, bedeutet das nicht zwingend, dass die demenziell Erkrankten unglücklich in ihrer Welt sind ... Die Lebensqualität bemisst sich vielleicht einfach nur anders.

Trotz allem bringt die Demenz besondere Belastungsfaktoren, die die Pflege so besonders herausfordernd machen, mit sich, denn die Person, die wir einst als Vater oder Mutter kannten, gibt es so nicht mehr. Eine Demenzerkrankung ist ein Abschied von der vertrauten Person auf Raten. Das fällt schwer und tut weh. Es kann durchaus Situationen geben, wo demenziell Erkrankte ihre pflegenden Angehörigen oder Ehepartner wüst beschimpfen. Hier ist es hilfreich, sich bewusst zu machen, dass dann die Krankheit »spricht« und nicht die einstmals so sanftmütige und friedvolle Mutter.

Daher ist es im Umgang mit diesen besonderen Pflegebedürftigen umso wichtiger, zwischen Verbundenheit und Abgrenzung eine gute Balance für alle zu finden.

Zum Umgang mit Demenz

Wir können einiges tun, um die Lebensqualität von demenziell Erkrankten zu erhöhen.

Der wichtigste Schritt dazu ist es, erst einmal die Diagnose (sofern sie überhaupt gestellt worden ist) zu akzeptieren. Einfacher gesagt als getan. Denn der Alptraum, den man sich für seine Eltern oder gar sich selber vorstellen kann, hat gerade erst begonnen (es erscheint uns zumindest erst einmal so, siehe oben ...). Aber muss das wirklich so sein? Gibt es nicht auch Wege zu einem »guten« Leben mit Demenz?

Mittlerweile gibt es besondere Möglichkeiten, Zugang zu finden (spezielle »Therapieansätze« mit Tieren, Gerüchen, Erinnerungssequenzen, Musik, basale Stimulation usw.), besondere Wohnformen und Konzepte (Demenzdörfer, Demenz-WG's, Demenz-Bauernhöfe). Manchmal kann eine Versorgung in der vertrauten Umgebung zu Beginn sichergestellt werden.

Wie oben angesprochen, ist mit dem Fortschreiten der Erkrankung häufig eine stationäre Wohnform unumgänglich. Das hat einerseits mit der Belastung der Pflegenden zu tun, andererseits mit der verlorengehenden Gefahreneinschätzung der Erkrankten. Gelegentlich liest man von Wohnungsbränden, weil jemand z. B. seine Schuhe in den Backofen gestellt hat ... Erfahrungsberichte und Interviews zeigen, dass eine Unterbringung in einer geschützten Wohnform für alle Beteiligten sinnvoll sein kann. Die meisten qualitativ guten Einrichtungen verfügen über besondere Eingewöhnungskonzepte und unterstützende Maßnahmen, um einen Einzug so sanft wie möglich zu gestalten. Therapiekonzepte flankieren die Eingewöhnungsphase.

Eine davon ist die Validation (natürlich nicht nur für den stationären Bereich, sondern auch für den Umgang zu Hause), eine nicht ganz neue Methode, aber eine bewährte, um Zugang zu finden (Kurse dazu können bei den örtlichen Beratungsstellen erfragt werden).

Validation ist eine Form der Gesprächsmethodik für demenziell Erkrankte, die von Wertschätzung geprägt ist und nicht von Korrektur. Das Gesagte des Erkrankten wird für gültig erklärt, und man geht nicht auf den möglicherweise falschen Sachinhalt ein, sondern auf das jeweilige Gefühl, das dahintersteckt. Wird z. B. ständig behauptet, dass die Nachbarin Blumen aus dem Garten stielt, wird dieser falsche Sachverhalt nicht korrigiert, sondern die Sorge dahinter wahrgenommen, dass die Nachbarin etwas Unangemessenes tut. Dem kann man dann gemeinsam mit dem Angehörigen begegnen, in dem man z. B. die Nachbarin bittet, zum Kaffee zu kommen und zu plaudern, um die Sorge des Stehlens zu eliminieren.

In einer Sendung des Hundeprofis Martin Rütter (der selber eine schwer an Demenz erkrankte Mutter in einer Pflegeeinrichtung hat) wurde u. a. auch die tiergestützte Therapie und Besuchshunde, die es mittlerweile in vielen Einrichtungen gibt, thematisiert. Es ist eine besondere Art, Erinnerungen zu wecken, durch das Streicheln der Hunde Gefühle zu sensibilisieren. Die Hunde sorgen oftmals für Unterhaltung und ermöglichen, dass der Erkrankte etwas Biografisches erzählen kann.

110

Ein weiteres Therapie-Hilfsmittel, das von drei jungen Studierenden entwickelt wurde, ist ein Therapieball, der wie ein »Echo« wirkt. (icho: gr. Echo, Klang. In der griechischen Mythologie war Icho eine von Hera verfluchte Muse, die kognitiv beeinträchtigt nur noch wiedergeben konnte, was als letzte Worte an sie gerichtet wurde.) Dieser vielen vertraute (technische) Gegenstand reagiert auf jede Interaktion, egal ob geworfen, gefangen, gehalten oder gestreichelt kann er dazu ermuntern, Geschichten zu erzählen. Er kann das Licht und Farben wechseln, Tier- oder Musikinstrumente etc. nachahmen, Musik aus früheren Zeiten oder eine individuelle Playlist spielen. Das ist praktisch eine (digitale) Art, mit Dementen zu arbeiten, ähnlich wie mit persönlichen Fotoalben, Memorys oder alten Filmen. Das Ziel ist es, Kommunikation, die auf vielen Ebenen stattfinden kann, zu ermöglichen.

Ganz praktisch hilft es auch im Umgang mit demenziell Erkrankten, nicht zu viele Auswahlmöglichkeiten in Fragen einzuflechten. Das verunsichert die Patienten. Bei unsachlichen Äußerungen sollten wir eine Korrektur vermeiden, denn das würde nur Widerstand, kräftezehrende unsinnige Diskussionen oder Aggressionen provozieren. Stattdessen kann eine Ablenkung oder ein anderer Vorschlag ein entspanntes Zusammensein fördern. Egal ob dement oder nicht – wer lässt sich schon gerne bevormunden?

Viele Söhne und Töchter entschließen sich also bei einer Demenzdiagnose, den pflegebedürftigen Elternteil erst einmal zu Hause zu versorgen. Das löst ganz unterschiedliche Emotionen aus. Die Diagnose an sich ist – wie bereits erwähnt – immer ein Schock. Andererseits fühlen Angehörige manchmal auch eine Art von Erleichterung, dass sie nun eine Erklärung für ihre Beobachtungen der veränderten Verhaltensweisen ihrer Eltern bekommen haben.

Emotionen wie Wut (auf die Erkrankung, auf den Betroffenen, auf die soziale Umwelt), Schuldgefühle (den Erkrankten gegenüber, der eigenen Familie gegenüber) und Angst (Was erwartet mich? Wie soll das alles gehen?) sind absolut »normale« Reaktionen, die man nicht verdrängen, verleugnen oder herunterspielen sollte. Es ist legitim, sich Hilfe zu suchen, praktischer oder therapeutischer Art. Manchmal reicht es, sich bei einer verständnisvollen Freundin »auszuheulen«, den Ehepartner um Unterstützung zu bitten oder mit dem behandelnden Arzt zu sprechen – denn Aufklärung nimmt Angst. Reicht das alles nicht, finden Angehörige Hilfe in Selbsthilfegruppen, Notfall-Telefonen (siehe Anhang) oder bei einem professionellen Therapeuten.

Vielfach wächst man sogar mehr oder weniger unbewusst in die Betreuung von dementen Angehörigen hinein, da die Erkrankung schleichend beginnt.

Egal, wie die Krankheit in das Leben des Betroffenen und in unser eigenes Leben hineintritt – klar ist, es ist nichts mehr so, wie es war.

Zur Besonderheit der demenziellen Erkrankungen gehört, dass zu Beginn den Betroffenen unter Umständen sehr wohl bewusst ist, dass sich bei ihnen etwas verändert. Eine nur schwer auszuhaltende Situation. Dennoch sollten die Patienten über ihre Diagnose aufgeklärt werden, denn damit gibt man den Erkrankten ihre Autonomie zurück, solange sie noch kognitiv in der Lage sind, Dinge zu regeln, oder noch das Beste aus der verbleibenden Zeit zu machen. In der Literatur wird gelegentlich davon gesprochen, Dementen die Diagnose nicht mitzuteilen, da es Depressionen oder Verleugnung zur Folge haben könnte. Ich persönlich halte das für falsch. Jeder hat das Recht, über sich und seine Belange und Lebenssituation umfassend aufgeklärt zu werden. Es mag ein ethisches Dilemma sein – und ich kann nachvollziehen, dass man seinen Vater oder seine Mutter vor so einer Nachricht schützen möchte. Wir nähmen ihnen aber damit Möglichkeiten, die nur sie – trotz möglicherweise schon eingeschränkter kognitiver Fähigkeiten – für richtig und wichtig erachten. Loyalität, Wertschätzung und Wahrhaftigkeit sind große Worte, aber für mich in diesem Zusammenhang existenziell.

Es gibt eine Vielzahl von besonderen, herausfordernden Verhaltensweisen bei demenziellen Erkrankungen, die die Angehörigen an den Rand der Verzweiflung bringen können:

* Ständiges Wiederholen von immer gleichen Fragen und Handlungen
* Nächtliches Herumwandern und Unruhe
* Sinnestäuschungen, Halluzinationen und realitätsferne Überzeugungen
* (Auto)aggressives Verhalten

Sich hier immer wieder ins Gedächtnis zu rufen, dass der Mensch, der uns des Diebstahls beschuldigt, immer noch unser Vater ist, ist eine große Belastung. Den Menschen hinter der Demenz noch zu erkennen, fällt mit dem Fortschreiten der Erkrankung immer schwerer. »Du bleibst du« ist im (Pflege)Alltag demenziell Erkrankter herausfordernd und schwierig. Es gibt eine Reihe von Empfehlungen, die auch unter dem Begriff »Demenz-Knigge« Hilfen für Angehörige, professionell Pflegende, Freunde und Nachbarn den Umgang besonders bei herausfordernden Verhaltensweisen nützlich sein können:

- Ich nehme seine Gefühle wahr und ernst.
- Ich akzeptiere seine Zustimmung oder Ablehnung.
- Ich korrigiere oder widerspreche nicht.
- Ich nehme unfreundliche, taktlose oder boshafte Bemerkungen nicht persönlich.
- Ich achte darauf, nicht zu »erziehen, zu »ermahnen« oder zu »bestrafen«.
- Ich suche eine Ausgewogenheit zwischen Nähe und Distanz.
- Ich ermutige und zeige Wertschätzung und Respekt

Eine Gesamtsituation, die sehr viel Mühe macht, die herausfordernd, frustrierend und verletzend sein kann. Es gibt in der Literatur und in Filmen manchmal sentimental-rosa gefärbte Geschichten, die über Demenz erzählen. Die Realität sieht oft anders aus, dennoch sind diese Erzählungen und Filme hilfreich, da sie die Öffentlichkeit auf die besondere Problematik einer demenziellen Erkrankung aufmerksam machen.

Fakt ist auch, dass nicht immer eine »gute« Lösung gefunden werden kann. Kompromisse in den Formen der Versorgung und Pflege sind manchmal nötig, zum Schutz der Erkrankten und auch zum Selbstschutz – denn »Du bleibst du, und ich bleib ich«.

KAPITEL 2

Die emotionale Seite in der Pflege

Zufriedenheit

....

Die Frage, warum Gefühle auf beiden Seiten erlaubt sind, ist einfach zu beantworten: »Weil sie da sind!«. Gefühle können und sollten wir nicht verdrängen, zumindest nicht dauerhaft.

Es ist legitim, frustriert zu sein, weil man keine Zeit mehr für seine Familie hat und schon gar nicht für Freunde, Hobbys oder Sport. Es ist in Ordnung, wütend zu sein, weil man zum x-ten Mal Anträge für Hilfsmittel bei der Pflegeversicherung stellen muss oder in der Warteschleife einer Hotline der Kranken- und/oder Pflegekasse hängt, um an Informationen zum Pflegegeld zu kommen. Es ist legitim, traurig zu sein, dass einen die demenziell erkrankte Mutter nicht mehr erkennt. Man darf sich ekeln, wenn man den Verband am offenen Fuß des Vaters erneuern muss, weil der ambulante Pflegedienst erst am nächsten Morgen wiederkommt. Es ist vollkommen okay, verzweifelt zu sein, weil man sich alleingelassen fühlt, und man darf sich wirklich auch freuen und erleichtert sein, wenn man einen guten Heimplatz für die Mutter gefunden hat, weil eine Versorgung zu Hause nicht mehr möglich ist.

Nur weil die Versorgungsform sich ändert, heißt das nämlich nicht, dass wir nicht mehr für unsere Pflegebedürftigen da sind, sondern dann vielleicht ausgeruhter eine gute Zeit mit ihnen verbringen können.

Interessanterweise hat das Institut für Demoskopie Allensbach in einer repräsentativen Altersstudie 2017 herausgefunden, das 75 % der Senioren zwischen 65 und 85 Jahren völlig »zufrieden« mit ihrem Leben sind.

»Zufriedenheit« bedeutet, mit den gegebenen Verhältnissen einverstanden zu sein bzw. die eigenen Erwartungen den Umständen anzupassen. Zufriedenheit bedeutet auch Akzeptanz der Gegebenheiten und eine innere Ausgeglichenheit. »Alter ist die Zeit in der man Zeit hat«, erklärt Eckart von Hirschhausen in seinem Buch »Die bessere Hälfte«. Vielleicht ist das ein guter Weg, jeden Tag ein neues Kapitel in unserem Lebensbuch zu schreiben, denn Zeit haben wir im Alter und das ist etwas, worauf wir uns freuen können. Zeit, uns zu erinnern, Zeit, mit unseren Enkeln und Kindern zu verbringen, Erinnerungen teilen, Weisheiten weitergeben, Rituale einüben, biografische Geschichten erzählen und vieles mehr.

Der Fachbegriff dafür ist »Generativität«. Das ist die individuelle und kollektive Verantwortung und die Fähigkeit, »Fürsorge« für andere Generationen zu empfinden. Wissen, Kultur und Biografisches können alte Menschen Kindern und Enkeln vermitteln. Meine Mutter hat z. B. ein Kochbuch für meinen Sohn mit ihren ganz persönlichen Rezepten (Hühnersuppe!) aufgeschrieben, damit er die später, wenn sie nicht mehr für ihn kochen kann, selber zubereiten kann. Sie hat damit ihr Wissen weitergegeben, für beide Generationen wichtig und lehrreich.

Schaffen alte Menschen sich damit nicht ein kleines bisschen »Unsterblichkeit« – ein Band zwischen den Generationen? Es ist ein gutes Gefühl zu wissen, dass sich der Enkel beim Hühnersuppekochen an seine Oma erinnern wird ...

Zufriedenheit gilt natürlich auch umgekehrt, denn pflegende Angehörige (Kinder oder Enkel) übernehmen Verantwortung und Fürsorge für die ältere Generation und profitieren davon. Die Pflegenden, die ich gesprochen habe, beschreiben ebenfalls sehr häufig, »zufrieden« zu sein, darüber:

- dass sie die Pflege versucht und letztlich übernommen haben,
- dass es ein Neuanfang in der Eltern-Kind-Beziehung war,
- dass sie gemeinsam mit den Pflegebedürftigen auf Spurensuche gegangen sind (eine Tochter sprach von »Wurzelarbeit«),
- dass Heilung bzw. Linderung von Schmerzen möglich war.

Wir dürfen uns freuen und lachen, wir dürfen dankbar und zufrieden sein und das gerne auch mitteilen, besonders den Pflegebedürftigen gegenüber.

Pflegesituationen sind nicht immer einfach, aber solange wir im Gespräch darüber sind, können wir gemeinsam Lösungen finden. Wenn die kognitiven Fähigkeiten das nicht mehr zulassen, ist es hilfreich, sich klarzumachen, dass es nicht der Vater oder die Mutter ist, der oder die aggressiv ist – sondern die Erkrankung schuld daran ist, dass der ehemals liebevolle Vater um sich schlägt und spuckt. Und es ist dann durchaus auch erlaubt, verzweifelt zu weinen ...

Schauen wir wieder auf die Seite der Pflegebedürftigen – denn ihre Gefühle sind ebenfalls wichtig. Auch hier ist es legitim, sich alleingelassen zu fühlen, weil die Enkelkinder nur einmal in der Woche für eine Stunde zu Besuch kommen. Man darf sich überflüssig fühlen, weil man keine richtige Aufgabe mehr hat. Es ist in Ordnung und verständlich, sich zu ärgern, dass einem ständig jemand sagt, »... du musst mehr trinken ...«. Es ist legitim, nicht zu verstehen, warum der ambulante Dienst dauernd andere, fremde Pflegekräfte schickt. Es ist legitim, sich zu ärgern, dass die Kinder einem ständig sagen, dass sie doch nur das Beste für einen wollen. Es ist nur zu verständlich, dass man nicht zur Last fallen will und sich schuldig fühlt, so viel Hilfe in Anspruch zu nehmen, weil man sie braucht.

Kurz – es ist vollkommen in Ordnung – für beide Seiten, negative wie positive Gefühle zu haben und diese auch zu äußern. Denn das macht uns zu einem Gegenüber.

Hoffnung

....

Der Friedensnobelpreisträger Vaclav Havel sagte einmal: »Hoffnung ist nicht die Überzeugung, dass etwas gut ausgeht, sondern die Gewissheit, dass etwas einen Sinn hat, egal wie es ausgeht«.

Wie passend, wenn es um die Pflege der Eltern geht!

Aber was hat denn nun Hoffnung mit der Pflege von alten Menschen zu tun?

Zuerst einmal ist Hoffnung eine wichtige Ressource – ein Stress-Minimierer und sie mobilisiert eigene Energien. Sie lässt uns aktiv werden und vermittelt uns ein Gefühl der Sinnhaftigkeit, weil wir das Geschehen ein Stück weit beeinflussen können.

Denn natürlich werden die Situation, die Erkrankungen, die äußeren Umstände aller Voraussicht nach nicht besser. Immer – mal mehr, mal weniger schnell – endet eine Pflege mit dem Tod des Pflegebedürftigen.

In der Psychologie wertet man Hoffnung als einen der wichtigsten Faktoren zur Regulierung von Verunsicherung und Ausweglosigkeit. Sie ist also ein mächtiger Bewältigungsmechanismus. Für Victor E. Frankl (siehe weiterführende Literatur) ist Hoffnung stark mit der Sinnfindung des Lebens verbunden.

Dazu hat auch der Soziologe Aaron Antonovsky geforscht. Wenn wir Situationen, die uns widerfahren, verstehen (Verständnis), mit ihnen umgehen können (Handhabbarkeit) und darin Sinn finden (Sinnhaftigkeit), können wir mit (fast) jeder Katastrophe besser umgehen. Er nennt es Kohärenzgefühl.

Quellen der Hoffnung sind laut der Pflegewissenschaftlerin Prof. Dr. Angelika Abt-Zegelin die eigene Persönlichkeit, Erfahrungen, zwischenmenschliche Beziehungen wie die Familie und Freunde, der religiöse Glaube, Religion, Spiritualität und Liebhabereien. Helfen/Sichkümmern kann Hoffen bedeuten, wenn wir Sinn darin finden, und Hoffnung befähigt uns, kreative Ideen für problematische Situationen zu finden, die Gegenwart zu bewältigen, Kontrolle über das Geschehen zu haben und Stress zu senken. Hoffnung vermittelt zwischen Stress und Wohlbefinden. Dieses wiederum wirkt sich auf die eigene körperliche und geistige Gesundheit aus, auf die Bewältigungsstrategien (siehe Frankl und Antonovsky), auf die eigene Lebensqualität und natürlich auch auf die des Pflegebedürftigen. Durch Hoffnung ist die anspruchsvolle Situation der Pflege von Angehörigen leichter zu ertragen.

Es klingt vielleicht etwas einfach, aber die Grundeinstellung, wie ich mich der (Pflege-)Situation stelle, beeinflusst sehr »machtvoll« den gesamten Prozess. Das soll nicht heißen, dass es nicht trotzdem schwer ist, aber das »Prinzip Hoffnung« erleichtert manches ...

Motivation

Das Wort leitet sich aus dem lateinischen »movere« für bewegen oder antreiben ab. Die Gesamtheit der Beweggründe, Einflüsse, die zu einer Handlungsweise anregen – so der Duden. Nach meiner persönlichen Ansicht passt das gut zu einer Pflegebereitschaft für unsere Angehörigen ...

An dieser Stelle sei noch einmal deutlich gesagt, dass meine persönliche Haltung »Pro-Angehörigen-Pflege« sich auf mein eigenes familiäres Umfeld bezieht. Aus meiner Erfahrung heraus sind aber viele bereits angeklungene Faktoren und Fragestellungen für jeden Einzelnen für eine solch wichtige Lebensentscheidung unumgänglich.

Das Thema der emotionalen Seite in der Pflege ist für mich der Kern dieses Buches. Denn vieles von dem, was wir bisher gehört haben, handelte von Schwierigkeiten, Ängsten, Kontrollverlusten, Zeitmangel, Druck, viel Leid und Sorge – auf beiden Seiten. Dennoch scheint es ja doch sehr viel Positives, Erfüllendes, Sinnstiftendes und Liebevolles zu geben, was für die Pflege unserer Angehörigen spricht, denn sonst würden es sicher nicht mehrere Millionen tun.

»Die Kür ist, seine Eltern zu begleiten, ohne sie irgendwann dafür zu hassen«, brachte Ilse Biberti in ihrem Buch (siehe Literatur) es sehr pragmatisch auf den Punkt. Dafür sind die gelernten und gelebten Werte eine gute Grundlage.

Aber womöglich ist es mehr als die Kür. Es gibt in der Tat diverse Forschungen und Erkenntnisse darüber, warum Angehörige pflegen. Der aktuelle Pflegereport 2018

der Barmer nennt folgende Gründe bzw. Motive, warum
Pflege von Angehörigen übernommen wird:

- Liebe und Zuneigung – umfasst emotionale Bindung,
  gutes Gefühl, etwas zurückgeben, religiöse Überzeugung bzw. Wertevorstellung
- Pflicht – innere oder moralische Verpflichtung, weil
  der Angehörige von niemand anderem gepflegt werden
  möchte, früher gemachte Versprechen, keine Alternative, besser als eine Heimunterbringung
- Äußere Umstände – durch mangelnde Alternativen
  entsteht die Notwendigkeit, hohe Kosten für eine
  professionelle Pflege können entstehen, der Wunsch
  des Pflegebedürftigen, zu Hause versorgt zu werden, in
  die Versorgungs-Situation durch verschiedene Faktoren »hereingerutscht« zu sein, wirtschaftliche Vorteile
  durch Geld aus der Pflegeversicherung und finanzieller
  Zuwendung des Pflegebedürftigen
- Pflegen ist eine »lohnenswerte« Aufgabe und vermittelt »ein gutes Gefühl«
- Gutes Verhältnis und Verbundenheit bzw. Bezogenheit
  zu pflegebedürftigen Personen entwickelt sich oder
  verbessert sich
- Wertschätzung durch die Pflege

Weitere Faktoren sind die Kosten (einer Heimunterbringung, ambulanter Pflegedienst, oder 24-Stunden-
Betreuung), biografische Hintergründe bzw. die Familien-
geschichte (wie ist das Verhältnis zu den Pflegebedürftigen geprägt? Gibt es nicht aufgearbeitete Kindheitstrau-
mata?). Gibt es weitere Angehörige/Geschwister, die die
Pflege übernehmen könnten? Was ist der Wunsch des

Pflegebedürftigen? Hat eine »Familienkonferenz« stattgefunden, in der klare Vereinbarungen getroffen wurden, um zu regeln, wer welche Aufgaben übernehmen kann?

Ein altruistisches Motiv ist z. B. Empathie – viele können sich in die Gefühlslage der Pflegebedürftigen hineinversetzen und »verstehen« ihre Zukunftsängste, ihre Scham, und ihren (sozialen) Rückzug. Das motiviert dazu, sich zu »kümmern« ... vielleicht auch in der Hoffnung, dass es ihnen einmal ähnlich ergeht – dass sich irgendwann jemand auch um sie selbst kümmert.

Wichtig erscheint mir an dieser Stelle für die Selbstfürsorge, die eigene Motivation im Vorfeld einer Pflegeübernahme abzufragen. Wenn ich mir im Klaren darüber bin, warum ich pflege, finde ich Sinn darin. Die Antwort darauf wird sehr persönlich und unterschiedlich sein.

»Ich möchte mich um meine Eltern kümmern, aber nicht aus Pflichtgefühl, sondern weil ich sie liebe und mir an ihnen liegt.« Dieser Satz steht für eine recht breite Menge der Pflegenden.

Das habe ich analog auch aus vielen Gesprächen mit Pflegenden herausgehört, und das gilt auch für mich.

Entscheidungen sind aber natürlich nicht zwingend statisch. Wenn sich die Pflegebedürftigkeit ändert bzw. verschlechtert, muss eine Neubewertung vorgenommen werden. Einerseits hinsichtlich des Pflegegrades und andererseits auch zur eigenen Motivation. Manchmal sind bestimmte Dinge zu Hause einfach nicht mehr möglich. Einen guten Heimplatz für Vater oder Mutter zu finden, ist durchaus auch ein nicht ganz uneigennütziger »Liebesdienst«, weil man selbst auch viel entspannter die gemeinsame Zeit nutzen kann.

Werte

In diesem Abschnitt möchte ich Sie dazu ermutigen, sich zu fragen, was es uns »wert« ist, dass wir uns um pflegebedürftige Angehörige kümmern. Wie so vieles zu diesem Thema liegt das immer im Auge des Betrachters. Über die Motivation haben wir schon einiges auf den letzten Seiten gelesen, aber dass man für sich persönlich auch einen »Wert« generieren kann, klang nur unterschwellig durch. Ist es »wertvoll« zu pflegen? Und wenn ja, für wen? Stichworte wie Zeit, Liebe, Humor, Biografie, Heilung und Vergebung, Zufriedenheit und Balance habe ich während der gesamten Arbeit und Recherche für dieses Buch immer wieder von Pflegenden gehört.

Ein anderer, mir hier wesentlicher Aspekt, ist die Zeit, die wir mit unseren Angehörigen haben. Sie ist endlich. Das vergessen wir oft im Alltag.

Ich habe ein Gespräch mit einer Angehörigen sehr gut im Gedächtnis, die deutlich sagte, dass sie so gut wie keine emotionale Bindung an ihren Vater habe, sie die Zeit, die noch verbliebe, aber nutzen wolle, um vielleicht dahin zu kommen, ihn wenigstens zu vermissen, wenn er einmal nicht mehr da sei. Diese Einstellung hat mich sehr beeindruckt, denn den Wert der gemeinsamen Zeit sollte man nicht unterschätzen.

Dass nicht immer die Liebe im Fokus einer Betreuung steht, ist aufgrund der hohen Belastung nachvollziehbar, denn wenn man müde und unausgeschlafen ist und zwei riesige Berge von Schmutzwäsche zu erledigen hat, **125** ist es nicht ganz so leicht, liebevolle Gedanken zu haben. Und doch sprachen viele Angehörige trotzdem von einer »neuen Liebe« zu Vater oder Mutter, da sich die Beziehung mit der Pflege verändert. Das hat meines Erachtens mit Respekt und Engagement zu tun, und auch mit Dankbarkeit und einem häufig »neuen Kennenlernen« der Familie: Geschichten werden erzählt, Altes neu bewertet und Erinnerungen wiedererweckt. Mit Glück und beiderseitiger Bereitschaft können manchmal sogar nicht bearbeitete und bewältigte schwierige Themen zusammen neu betrachtet werden.

Ein pflegender Sohn sprach von seinem lebenslangen Unverständnis und Ärger gegenüber seinem Vater, wie dieser die Mutter bzw. Ehefrau behandelt habe. Als er die Pflege seines Vaters nach einem leichten Schlaganfall übernahm, sprach er viel mit dem Vater über seine Kinder- und Jugendzeit. Der Vater erzählte von seiner vor vielen Jahren verstorbenen Ehefrau, und offenbarte seinem Sohn, dass sie ihn mit seinem Bruder betrogen habe. Das sind Themen, die man mit seinen Kindern naturgemäß nicht unbedingt bespricht. Der Sohn, der mittlerweile selbst eine Scheidung hinter sich hatte, konnte nach dieser neuen Einordnung die wenig liebevolle Ehe der Eltern anders betrachten und erkennen, dass die Eltern damals ihre Ehe nicht zuletzt für ihn im Sinn eines intakten Familienlebens fortsetzten. Diese Einsicht veränderte das sonst eher kühle Verhältnis zu dem Vater ...

»Heilung« und »Vergebung« als besondere Werte erscheinen mir in diesem Kapitel noch nennenswert, die in dem engen Konstrukt einer Pflegebeziehung stattfinden können. Töchter und Söhne, die eine »schwierige Kindheit«

hatten, übernehmen – das erwähnte ich schon – seltener die Pflege ihrer Eltern. Tun sie es dennoch, steckt oft ein »Pflichtgefühl« oder die Hoffnung auf Klärung und Heilung dahinter. Das Warten auf eine Entschuldigung oder zumindest eine Erklärung für die zugefügten Verletzungen geben vielen pflegenden Angehörigen eine Sinnhaftigkeit, alle Schwere einer Pflegesituation in Kauf zu nehmen. Und manchmal findet sie tatsächlich statt ... Erinnern wir uns an die Frau, die das Lachen ihrer Mutter nicht vergessen konnte und in intimen Pflegemomenten vieles mit Humor nahm. Denn, so eingängig bekannt es ja ist: Auch hier gilt: Humor ist Lebensqualität und ein Schutzfaktor für die Seele.

Wenn wir von Humor in Pflegesituationen sprechen, sind Klinikclowns nicht weit weg, die mit einer sehr besonderen Sensibilität so manche schwere Situationen einfach »weglachen«. Es gibt sogar tatsächlich einen Forschungszweig, der sich mit Humor und seinen Auswirkungen auf Menschen beschäftigt – die »Gelotologie«. Humor kann man verlieren, aber auch wiederfinden und erlernen. Lachen wirkt auf den Körper (viele Muskeln, besonders im Gesicht, das Zwerchfell und die Rippenmuskulatur), aber auch auf das Immunsystem, das Herz-Kreislaufsystem, den gesamten Stoffwechsel und vor allem auch auf die Psyche.

In der Pflege von Angehörigen gibt es immer wieder komische Situationen, die zum Lachen animieren. Diese kann man positiv nutzen. Lachen vertreibt Angst, Frustration und Konfliktsituationen. Das Erzählen und Erinnern lustiger Begebenheiten aus der Vergangenheit, der gemeinsamen Familienbiografie sind hervorragend geeig- **127** net, um gemeinsam zu lachen. Bestimmte (Pflege-)Situationen können ebenfalls komisch sein. Eine pflegende Tochter erzählte mir davon, wie sie ihrer Mutter beim Aufstehen aus dem Sessel helfen wollte. Dazu stellte sie sich rückenschonend vor die Mutter, reichte ihr beide Hände, so dass sie die Mutter mit ihrer Unterstützung aus dem Sessel hochziehen konnte. Dabei verlor die Tochter das Gleichgewicht, so dass sie »wie ein Käfer« auf den Rücken fiel. Durch den Schwung zog sie ihre zierliche Mutter mit, die auf ihr landete. Niemand verletzte sich, aber beide brauchten mehrere Minuten, bis sie sich wieder »hochgerappelt« hatten, weil sie sich vor Lachen erst einmal nicht aus dieser absurden Position befreien konnten.

Ausgeglichenheit ist ein hoher »Wert« in der häuslichen Pflege – und das nicht nur für die Pflegenden. Das hat natürlich etwas mit der Persönlichkeitsstruktur eines jeden Einzelnen zu tun. Menschen, die von »Natur« aus eher nervös und angespannt sind, werden kaum in (belastenden) Pflege-Situationen entspannt und ausgeglichen sein. So ist es nötig, in Balance zu bleiben und für sich die Frage zu klären, wo Fürsorge aufhört und Aufopferung anfängt. Niemandem ist mit Aufopferung gedient.

Schauen wir auf die Seite der Pflegebedürftigen, kann man sicher auch sagen: Niemand möchte »aufopfernd« gepflegt und versorgt werden – sondern mit Respekt, Toleranz und Ehrlichkeit.

Unsere (gelernten) ethischen Werte motivieren uns zu helfen – d. h. unsere Motivation für die Übernahme einer Pflege ist mit unserem Werteverständnis untrennbar verbunden. Dieses ist uns »anerzogen« und geprägt von der

Gesellschaft, in der wir aufgewachsen sind. Wenn unsere Herkunftsfamilie also Werte des Helfens, des Respekts und des »Füreinander-da-Seins« gelebt und vermittelt hat, ist die Wahrscheinlichkeit hoch, dass wir genauso im Erwachsenenleben handeln.

Viele Familien finden Hilfe und Kraft in ihrem Glauben. Auf dessen Grundlagen werden Werte vermittelt, die in schwierigen Lebenssituationen Stütz- und Eckpfeiler sein können. Das kann Pflegende und Pflegebedürftige vereinen und ins Gleichgewicht bringen, denn Gemeinsames schafft immer Verbindung.

Rollenwechsel Eltern/Kinder

Kaum habe ich das Haus meiner Eltern betreten, ziehe ich meine Straßenschuhe aus, weil ich das zuhause auch so mache. Auf Socken laufe ich über den gefliesten Boden in die Küche und begrüße meine Eltern. »Kind, zieh dir doch was an die Füße – du erkältest dich …«, sagt meine Mutter, noch bevor sie mich herzlich umarmt und begrüßt. Dann weist sie auf die bereitgestellten Hausschuhe.

Ein klassisches Rollenverhalten! Ob wir wollen oder nicht, manchmal »erreichen« uns unsere Eltern mit ihren – wie in diesem Fall – wohlmeinenden Apellen. Manchmal sind die Apelle aber auch zumindest latent »manipulativ«, und es fällt schwer, ihnen zu entkommen. Wünsche und Forderungen triggern unsere Hilfsbereitschaft und fordern uns heraus, eigene Grenzen auch mal zu überschreiten. Abgrenzung, bzw. gesunder Egoismus schafft Schutz vor Überforderung.

Viele von uns, die jetzt pflegen und in ihrer Kindheit und Jugend in den 60er- und 70er-Jahren aufgewachsen sind, haben gelernt, den Eltern zu »gehorchen«. Dafür taten unsere Eltern auch das, was Eltern eben tun: Sie sorgten für uns, kümmerten sich, hielten Böses von uns fern und lehrten uns, was gut und richtig ist. Wir fanden Schutz, wenn wir Angst hatten, Hilfe, wenn wir nicht weiterwussten, und bekamen Hühnersuppe, wenn wir krank waren.

Dass das nicht so bleiben würde, wurde uns spätestens klar, als wir zu Hause auszogen und eigenverantwortlich unser Leben gestalten mussten. Und dennoch fallen wir selbst manchmal in die Rolle des Kindes zurück …

Bis wir irgendwann dann plötzlich kleine Veränderungen bei unseren alternden Eltern bemerken. Die Gesundheit ist Hauptthema, größere Reisen sind eine Herausforderung, das Auto bleibt häufiger in der Garage oder der Haushalt weißt vermehrt Spinnenweben auf.

Die nachlassenden Kräfte und die wahrgenommenen Veränderungen zu thematisieren ist schwierig, werden sie doch schnell als übergriffig und bevormundend empfunden. Einerseits Aufmerksamkeit schenken, aber ja keine Veränderungen herbeiführen – nicht die eingespielte Routine durcheinanderbringen und trotzdem an der bisherigen Lebensqualität festhalten – ein Balanceakt für unsere Eltern und uns – zwischen Fürsorge und Bevormundung!

Der Rollenwechsel von Kindern zu Kümmerern vollzieht sich manchmal schleichend und manchmal sehr abrupt – nämlich dann, wenn etwas passiert ist.

Wir bemerken das schlechtere Sehvermögen der Mutter und machen einen Termin beim Augenarzt aus (früher war es umgekehrt). Einkaufen ist zu einer größeren Herausforderung geworden, weil das Autofahren nicht mehr so leichtfällt und schon besorgen wir den wöchentlichen Großeinkauf gleich mit. Die Liste der »Kleinigkeiten« die wir sukzessive übernehmen, lässt sich beliebig fortsetzen – wir kümmern uns.

In meinem Fall war der Rollentausch sehr abrupt. Durch den Sturz meiner Mutter und der zeitgleichen OP meines Vaters war plötzlich niemand mehr da, der sich überhaupt um irgendetwas kümmern konnte. Meine Eltern waren bis zu dem Ereignis völlig selbstständig. Kurzzeitig übernahm ich die »Führungsrolle« und kümmerte mich buchstäblich um alles: Organisatorisches, Haus und Hof und um Emotionen.

Meist ist es nicht ein bewusster und beabsichtigter Rollentausch, sondern der Situation geschuldet. Damit muss man erst einmal »klarkommen«. Verantwortung abzugeben ist schwer, sie zu übernehmen ist aber auch nicht leicht …

Es ist schwer, seine eigenen Vorstellungen von »gut versorgt« mit dem in Einklang zu bringen, was die Eltern vielleicht schon als Einmischung empfinden.

Organisieren wir beispielsweise eine Reinigungskraft, weil wir nicht möchten, dass Mutter auf die Leiter klettert, um Spinnweben wegzuwischen, könnte das als Einmischung verstanden werden, denn eingeübte Alltagsroutinen werden eigenmächtig verändert. Noch dazu ist es unser persönlicher Anspruch, dass die Spinnweben wegmüssen, denn unsere Eltern stört das möglicherweise gar nicht. Hier sind unsere Toleranz und Akzeptanz gefragt. Die Eltern haben den Wunsch, sich selber um ihren Haushalt zu kümmern, bis man im gemeinsamen Gespräch herausgefunden hat, wann der passende Zeitpunkt für beispielsweise eine Reinigungskraft gekommen ist.

Ältere Menschen wissen sehr gut, dass jedes »Abgeben« von Verantwortung ein Zeichen für ihre eigene Unselbstständigkeit ist. Ein schwieriger Prozess, der nicht einfacher durch die veränderte Rolle von uns Kindern in diesem Moment wird. Denn nicht nur unsere Eltern müssen bereit sein für den Rollenwechsel, auch wir als Kinder, die wir die neue Rolle eigentlich ja gar nicht wollen …

Fachlich spricht man von »filialer Reife«, wenn es gelingt, das Verhältnis zu den Eltern neu zu definieren und auszuloten. Das meint, dass wir als Kinder eine emotionale Selbstständigkeit einnehmen können und zwischen freiwilliger, autonomer Zuwendung und damit ohne Schuldgefühle Grenzen setzen können. In dem neuen Rollenverständnis geht es also um Respekt, Akzeptanz und Abgrenzung in einer ausgewogenen Balance.

Manchmal muss leider eine Situation erst eskalieren, damit es für beide Seiten möglich ist, sich auf den Rollenwechsel und eine veränderte Position einzulassen. Erst wenn ein akutes Ereignis eintritt, z. B. ein Unfall – der Klassiker: Oberschenkelhalsbruch beim Gardinenaufhängen – sind beide Seiten bereit, den Rollenwechsel zuzulassen – schlicht, weil es einfach nicht anders geht. Manchmal werden durch solche Ereignisse Tatsachen geschaffen, bestenfalls in Balance für beide Seiten.

Meines Erachtens nach lohnt es sich hier, die verschiedenen Rollenwechsel einmal genauer zu betrachten:

Um gleich einem Missverständnis vorzubeugen: Ein Rollenwechsel meint nicht, zur Mutter der Mutter zu werden. Wir bleiben Kinder bis zum letzten Atemzug der Eltern. Der Rollenwechsel bei uns »Kindern« ist schwierig, weil wir uns mit der eigenen Endlichkeit/Sterblichkeit auseinandersetzen müssen. Wir sehen den langsamen »Verfall« unserer Eltern – und damit unseren eigenen.

Wir wollen uns eigentlich ja nicht mit dem nahenden Abschied auseinandersetzen, und selbst wenn ein 75-jähriger Mann noch eine statistische Lebenszeit von fast zehn Jahren vor sich hat, ist diese Zeit doch erschreckend überschaubar. Jetzt müssen wir Verantwortung für immer mehr Lebensbereiche unserer Eltern durch ihren ggf. körperlichen und geistigen Abbau übernehmen.

Das gewohnte und viele Jahrzehnte gültige Elternbild definiert sich neu, und uns muss es gelingen, zu helfen, eigene Grenzen zu setzen und diese dann aber auch nicht zu überschreiten.

Pflichtgefühl und Hilfsbereitschaft stehen in Konkurrenz zum eigenen Leben.

Dazu kommen möglicherweise noch unbearbeitete Kindheitserlebnisse, biografische oder familiäre Verstrickungen oder Geschwisterrivalitäten.

»Man muss die Unterstützung auf Augenhöhe anbieten und darf niemanden einfach bevormunden. Vater und Mutter bleiben Vater und Mutter. Ich wurde eine Tochter mit erweiterter Kompetenz.« Dieser erfahrene Rat der Autorin Ilse Biberti (siehe Literaturliste) und selbst pflegenden Tochter zeigt, dass man auch mit Würde und Achtung den Rollenwechsel vollziehen kann.

Es bedarf einer Ehrlichkeit und Reflexion auf beiden Seiten. Ein Balanceakt – jedes Mal. Zwischen gut gemeinter Beratung und Belehrung, Hilfsangeboten und Entmündigung – zwischen Nähe und gesunder Distanz ist der Übergang manchmal fließend.

Unsere Solidarität mit der Familie bzw. mit den zunehmend hilfebedürftiger werdenden Eltern ist also eine Gratwanderung im Rollenverständnis. Die ambivalente Einstellung zu Pflichtgefühl einerseits und Hilfsbereitschaft andererseits und die objektiven äußeren Umstände wie Wohnortnähe, Berufstätigkeit, eigene Kinder und die Abgrenzung seiner eigenen Ressourcen müssen immer wieder neu bewertet werden. Was kann, und was will ich leisten? – Die alles entscheidende Frage.

Schauen wir auf die andere Seite: Der Rollenwechsel ist für die Eltern nicht weniger schwierig. Sich einzugestehen, dass die geistigen und körperlichen Kräfte nachlassen, gelingt nicht immer auf Anhieb. Verleugnung, Verdrängung und »Schönreden« sind keine Seltenheit. Sich mehr und mehr in eine Abhängigkeit zu begeben, seine Gesundheit und geistige Kraft zu verlieren, ist beängstigend.

Die Welt unserer Eltern wird »kleiner« – sowohl räumlich als auch geistig. Die Beweglichkeit ist möglicherweise eingeschränkter durch körperliche Handicaps, und die geistige Wahrnehmungs- und Lernfähigkeit nehmen ab.

Alte Weggefährten und Freunde oder der Ehepartner sterben weg und hinterlassen nicht zu füllende Lücken.

Hauptthemen sind jetzt die eigene Gesundheit bzw. Krankheit und die Bewältigung der Alltäglichkeiten. Das schränkt die Gesprächsthemen natürlich auch etwas ein. Und das ist beiden Seiten sicher auch oft schmerzlich bewusst.

Manchmal werden alte Rollenmuster und Charaktereigenschaften beibehalten oder sogar verstärkt (z. B. das dominante Verhalten der Mutter oder das Besserwisserische des Vaters), was das Ganze nicht unbedingt einfacher macht. Das »Loslassen« und Bereitsein für Veränderungen muss auf beiden Seiten erfolgen. Hier hilft (wie fast immer): Miteinander reden, denn neue Themen oder Erinnerungen lassen sich sicher finden.

Rollenwechsel Ehepartner

Der Rollenwechsel bei Ehepartnern vollzieht sich ebenfalls oft schleichend. Dennoch ist es sehr wichtig, »Ehepartner« zu bleiben und nicht zu Mutter oder Vater zu werden (analog dazu, dass Kinder nicht zu Müttern oder Vätern werden). Veränderungen in der Verteilung von Haushalts- oder Verwaltungsaufgaben, die manchmal über Jahrzehnte etabliert waren, werden mehr oder weniger schrittweise und mit mehr oder weniger Begeisterung übernommen. Die Steuerklärung, Briefwechsel mit Behörden und Bankgeschäfte, die jahrelang vom Ehemann organisiert wurden, muss nun ggf. die Ehefrau übernehmen. Die Wäsche ggf. der Ehemann, weil die Ehefrau die Kellertreppe nicht mehr heruntergehen kann. Das kann zu Konflikten führen, denn es ist für viele, die der Generation unserer Eltern angehören, noch etwas ganz anderes, »geschlechterspezifische Aufgaben« zu übernehmen als für unsere und die jüngere Generation.

Wenn der männliche Ehepartner die Rolle des »Organisators« übernimmt, leiden die sozialen Kontakte häufig ebenfalls. Es war bisher vielfach die Domäne der Frau, Geburtstage zu organisieren, Treffen mit Freunden auszumachen und Besuche zu terminieren. Diese »Gefühlsarbeit« wurde von vielen Männern der jetzt pflegebedürftigen Generation noch nicht erlernt.

Die Pflege des Ehepartners muss nicht zwingend als Belastung erlebt werden, sondern kann auch eine Bereicherung sein. Dazu kommt vielleicht auch der Stolz, neue Aufgaben bewältigen zu können und noch immer lernfähig zu sein. Trotz hoher Belastung halten Ehepartner aus Liebe, Treue und Pflichtgefühl nach meiner Erfahrung vielfach durch, werden »anwaltschaftlich« tätig, sprechen mit Ärzten, Pflegediensten oder Ehrenamtlichen.

Das Gegenteil von Bereicherung kann ebenfalls – je nach »Qualität« der Partnerschaft – möglich sein. Der pflegebedürftige Partner wird als Belastung empfunden – jetzt, da man gerade den eigenen Ruhestand und seine letzten, besten Jahre genießen möchte. Wie sich die Paarbeziehung in früheren Jahren gestaltet hat, ist ein entscheidender Faktor, wie sich die Pflegebeziehung nun entwickelt. Gibt es »offene Rechnungen«? Sind Gewalt und Demütigung in den vorherigen Jahren in der Partnerschaft existent gewesen? War die Ehe eher eine Routine oder Gewohnheit? Spielten Liebe und Zugehörigkeitsgefühl eine Rolle? Gab es verpflichtende Gelöbnisse oder Versprechen?

All das sind bei dem Rollenwechsel, den Ehepartner vollziehen, entscheidende Kriterien dafür, wie sich die »Pflegebeziehung« gestaltet.

Ernüchternd ist auch für beide, dass aus einer partnerschaftlichen Ehe, aus einem »Wir« ein »Sie/Er« und »Ich« werden kann. Denn der Partner ist nicht mehr der Mensch, den man vor vielen Jahren geheiratet und mit dem man eine Familie gegründet hat. Die Pflegerolle ist gefühlt nicht die Rolle des Ehepartners, denn auch Sexualität, Zärtlichkeit und körperliche Nähe verändern sich.

Die Kommunikation der Ehepartner kann sich auch verändern. Der Pflegende hat im Vergleich noch viele »Außenkontakte«, der pflegebedürftige Partner eher nicht. Die Gesprächsthemen werden in einigen Fällen weniger, denn vieles dreht sich erfahrungsgemäß um Organisation und um die Pflege selber.

Die Sorgen werden in der Regel größer, Integrität und Identität sind gefährdet. Es wird vielfach versucht, ein möglichst »normales« Leben aufrechtzuerhalten, auch wenn das Rollengefüge sich gefühlt verkehrt hat. Die Kunst ist es, das partnerschaftliche Miteinander so weit wie irgend möglich aufrechtzuerhalten. Denn keiner von beiden wird sich in der neuen Rolle richtig glücklich fühlen. Trauer, Wut und Enttäuschung gehören neben Liebe, Pflichtgefühl und Fürsorglichkeit zu den Ambivalenzen in der Partnerpflege.

Im hohen Alter einen Rollenwechsel gelingend wahrzunehmen ist eine Herausforderung, die am eigenen Lebensende sicher keine einfache Situation ist.

Natürlich gibt es auch sehr viel Bereicherndes in der Partnerschaftspflege. Das Verständnis füreinander kann wachsen, die »Anhänglichkeit« und Zuwendung fördert den Zusammenhalt und die Gemeinsamkeiten. Wenn sich jemand kümmert, wird das in der Partnerschaft als liebevoll, fürsorglich und schön empfunden. Eine besondere Erfahrung kann es auch sein, dass auf den pflegenden Partner Verlass ist und man nicht in einer schwierigen Situation alleingelassen wird.

Aus meiner Sicht klingt das mutmachend, denn es kann auch sehr schön sein, gemeinsam alt zu werden, mit allen Konsequenzen, die das Leben mitbringen kann ...

Familienbande

Als ich neun oder zehn Jahre alt war, gab es bei uns in der Siedlung eine »Mädchenbande«. Wir gingen in dieselbe Schule, waren ungefähr gleich alt, und uns vereinte der Widerstand gegen eine andere (viel coolere) Bande. Voraussetzung für uns: absoluter Zusammenhalt, Solidarität und Loyalität!

Nun, vielleicht interpretiere ich den Begriff »Familienbande« besonders – aber aus meiner Sicht gelten diese Werte auch für eine Familie. Ich habe leicht reden, denn ich habe keine Geschwister. Meiner Vorstellung nach sind Loyalität und Zusammenhalt unter Geschwistern – besonders in einer Pflegeübernahme-Situation – wünschenswert. Im Team lässt sich doch Verantwortung auf viele Schultern leichter verteilen. Dass die Realität oft anders ist, hörte ich in vielen Gesprächen. Familienbande sind nicht selbstgewählt, oft emotional aufgeladen und immer irgendwie existenziell.

Schon in der Kindheit werden die unterschiedlichen Rollen – oft unbewusst – durch die Eltern festgelegt. Der Jüngste ist das Nesthäkchen, die mittlere Tochter die Schwierigste – weil »Sandwich-Kind«, und die Älteste die »Vernünftigste« ... so könnte es sein ...

Trotzdem ist es sicher sinnvoll – gerade in der extremen Situation der Pflegebedürftigkeit der Eltern – biografisch bedingte und bislang unterdrückte Geschwisterrivalitäten, zu beachten und zu versuchen, daran zu arbeiten. Nur dann kann Achtung und Wertschätzung zu einem konstruktiven Miteinander in den nötigen Entscheidungsfindungen mit einfließen. Dass das leichter gesagt als getan ist, ist nur menschlich und uns allen klar.

Neid, Rivalität und komplizierte Dynamiken aus der Kindheit in einer »Krisensituation« – und das ist die Pflegebedürftigkeit der Eltern erst einmal – zu lösen, ist schwierig. Es kann helfen, in einer Familienkonferenz offen und ehrlich diese alten Wunden anzusprechen und sich ggf. professionelle Hilfe zu suchen.

Dabei können Einzeltherapien, Gruppen- oder Familientherapien oder Familienaufstellungen (auf zertifizierte Gesellschaften und seriöse Therapeuten achten!) helfen.

In der Familienkonferenz können Werte zugrunde gelegt werden, die ebenfalls in der Kindheit eingeübt worden sind: Ehrlichkeit, Offenheit, Aussprache, die Bereitschaft zu vergeben, Solidarität und Vertrauen(-svorschuss). Dann gelingt hoffentlich ein Maßnahmenkatalog für die Organisation und die Pflegeübernahme im Geschwisterverbund leichter.

Wichtige Werkzeuge:

- Gesprächsbereitschaft: Positiv formulieren und loben, kommt besser an als Vorwürfe und negative Floskeln. Transparent machen von Entscheidungen vermeidet Misstrauen und das Gefühl »ausgegrenzt« zu sein. »Offene Rechnungen« müssen extra bearbeitet werden oder in einem »Vier-Augen Gespräch« geklärt werden. Sie erschweren sonst die Entscheidungsfindung.
- Verteilung von Aufgaben: Je nach familiärer, beruflicher und örtlicher Situation der Geschwister können wir Aufgaben verteilen. Administratives kann auch

aus der Distanz erledigt werden (Telefonate, Bankge-schäfte, Mails). Gemeinsame Aktionen (z. B. der behin-dertengerechte Umbau der Räumlichkeiten oder das Helfen im Garten) können heilsam sein und verbinden.

- Planung: Prospektiv zu agieren verschafft Erleichte-rung in schwierigen Situationen. Neue gesundheitliche Veränderungen des Pflegebedürftigen machen immer eine Neubewertung der Pflegesituation nötig. Wenn sich der Zustand massiv verschlechtert hat und eine Pflege zu Hause nicht mehr möglich ist, ist es gut, wenn man schon auf der Warteliste des favorisierten Pflegeheims steht. Dazu wäre es gut, wenn sich die Ge-schwister vorher verständigt haben, in welcher Stadt die Einrichtung gesucht werden soll.
- Entscheidungsfindung: Nicht immer sind alle einer Meinung, und nicht immer gibt es einen Kompromiss. Deshalb ist es besser, vorher zu klären, wer das »letzte Wort« hat (der, der pflegt oder der, der die Vollmacht hat?).

Dass festgelegte Rollen schwierig zu verlassen sind, weiß jeder aus Erfahrung. Wenn also jahrzehntelang eingeübte Rollen in einer Geschwisterkonstellation bei einer Pflege-übernahme verändert werden, gerät das Gefüge durch-einander – oft mit Konflikten. Vielleicht übernimmt die mittlere Tochter das Pflegearrangement – schlicht weil sie am nächsten an den pflegebedürftigen Eltern wohnt. Dass wird die »Älteste« verwirren, denn schließlich war sie immer die Anführerin der »Familienbande«. Vielleicht wird es den Jüngsten, immer nicht ganz erstgenommenen Bruder wieder näher in die Bande einfügen. In einer Pfle-gesituation kann eine Geschwisterbeziehung durchaus enger werden (siehe Geschichten) oder schlimmstenfalls zu Streit bis zum Kontaktabbruch führen.

Eine Frau erzählte voller Verbitterung über ihre jüngere Schwester: »Sie wurde schon als Kind immer bevorzugt. Ich mache die ganze Arbeit, und Gabi kommt nur selten zu Besuch. Trotzdem ist sie immer die Beste! Das ist so ungerecht, und ich finde das klärungsbedürftig.« Und genau das erfolgte dann auch, indem die Schwestern sich aussprachen, wobei die Jüngere die Arbeit der Älteren entsprechend würdigte.

Nicht nur Geschwister gehören zu der »Familienbande«, sondern auch Enkel. »Verwöhnen ist das Recht der Großeltern, Erziehung Sache der Eltern«, heißt es. Meine Eltern tun genau das noch heute bei ihrem Enkel – mit Hingabe! Ein kleines Beispiel nur: Mein Sohn darf sich immer wüschen, was es zu essen gibt, wenn wir zu Besuch kommen ...

Großeltern und Enkel haben sehr oft eine innige Beziehung und nicht wenige Pflegeübernahmen erfolgen durch Enkelkinder.

Durch die Steigerung der Lebenserwartung sind langjährige Enkelkinder-Großelternbeziehungen wahrscheinlicher geworden. Meine Oma starb mit 96 Jahren – da war ich selber schon Mitte 40, und sie hatte vier Urenkel. Enkelkinder machen glücklich und sind sinnstiftend. Es bereitet Freude, etwas mit den kleineren Enkelkindern zu unternehmen oder aus ihrem Leben zu hören, ohne die Verantwortung der Erziehung übernehmen zu müssen.

Andersherum profitieren die Enkelkinder ebenfalls: Großeltern werden gebraucht – nicht nur in der Betreuungssituation, wenn die Mütter und Väter arbeiten müssen, sondern auch aus erziehungstechnischen Gründen: Großeltern sind geduldiger, weiser und großzügiger (und erlauben viel mehr).

Omas und Opas schaffen es, den Enkelkindern einen anderen Blick auf die Welt zu ermöglichen, denn die Gelassenheit und die Weisheit des Alters ist etwas anderes als das »Alltägliche« mit den Eltern. Großeltern können sich Zeit nehmen, spielen, basteln, vorlesen, Ausflüge unternehmen, Hühnersuppe kochen, Tränen trocknen – eben immer etwas Besonderes sein ... Großeltern sind sicher nicht immer perfekt, aber meistens ziemlich nahe dran.

Später, wenn die Enkelkinder erwachsen sind, ist die Verbindung zu den Großeltern aufgrund zeitlicher und räumlicher Veränderungen eventuell nicht mehr alltäglich, aber häufig noch sehr innig. Wenn mein Sohn seine Großeltern besucht, erzählen sie viel von »früher« – aus seiner Kindheit, aber auch aus ihrer eigenen Jugend. Geschichtsunterricht mit persönlichen Bezügen, oder auch »Wurzelarbeit«. Die jüngere Generation ist oft dankbar für Geschichten aus der Vergangenheit, die ja auch die ihre ist.

Andererseits kann mein Sohn den Großeltern geduldig »Technik-Kram« erklären, Apps und Skype einrichten und Fotos und Videos hochladen. Das erfreut den technisch begeisterten Opa und schafft eine neue Form der Kommunikation auch über weite Entfernungen. Früher waren die beiden oft im Werkzeugkeller – damals erklärte der Opa, wie die Bandsäge funktioniert ... Rollenwechsel also auch hier.

Wie gesagt: Nicht selten übernehmen Enkel die Pflege
ihrer Großeltern oder entlasten bei der Pflege. Das sind
auf allen Seiten komplexe Lern- und Beziehungsprozesse,
die bearbeitet werden müssen. Die Enkel lernen Neues
durch die Pflegeübernahme und können eine Entlastung
für pflegende Töchter und Söhne sein und in Familien-
konferenzen oder bei anderen Situationen eine Vermitt-
lerrolle einnehmen.

Alte, pflegebedürftige Menschen empfinden in ihrem
letzten Lebensabschnitt die Enkelkinder als gute Zuhörer
und Unterstützer bei ihrer Lebensrückschau. Der leben-
dige Gefühls- und Gedankenaustausch der Generationen
ist eine Hilfestellung zum Überdenken aller Lebenssituationen und macht eine Auseinandersetzung mit der eigenen Sterblichkeit und dem Tod möglich.

Es ist gar nicht das Schlechteste, Verantwortung auf mehrere Schultern verteilen zu können, auch wenn dadurch
das Konfliktpotenzial naturgemäß ansteigt. Ein Austausch mit Geschwistern und über Generationen hinweg
kann Wunden heilen und neue Verbindungen entstehen
lassen.

Vielleicht meint »Familienbande« einfach nur den familiären Zusammenhalt – wir sind aneinander gebunden
(im positiven wie im negativen Sinn) – und das verbin-
det (vielleicht auch alte Wunden). Solidarität scheint das
»Zauberwort« zu sein.

9 Uhr – irgendwo in Deutschland – das Telefon klingelt – wie jeden Morgen bei meinen Eltern. Das Freizeichen ertönt ... »drei ... vier ...« zähle ich gedanklich mit. Ein knacken – die Leitung ist tot – wie jeden Morgen. »Ohh Mannn ...«, schimpfe ich schon leicht genervt halblaut und drücke die Wahlwiederholung – wie jeden Morgen.

»Hallooo«, ruft meine Mutter. »Ich habe die falsche Taste gedrückt«, lacht sie ins Telefon – wie jeden Morgen.

Die Vorfreude auf das alltägliche, bekannte Ritual zwischen meiner Mutter und mir und das Einhalten desselbigen ist für uns beide sehr wichtig – auch wenn es nicht immer auf Anhieb klappt.

Je nach meiner persönlichen Tagesform lasse ich es unkommentiert, lache mit oder reagiere genervt. Heute wähle ich Ersteres und freue mich, ihr Lachen zu hören. »So ist das eben, wenn man älter wird«, kommentiert meine Mutter an diesem Morgen ihr Missgeschick. Dabei kann sie sogar eine WhatsApp schreiben! Sie ist 73 Jahre alt, und wir telefonieren jeden Morgen um 9 Uhr miteinander. Nur wir beiden. Mit meinem Vater telefoniere ich eher selten. Er ruft gelegentlich aus dem Hintergrund sein Statement zur jeweiligen Sachlage.

Es ist ein seit vielen Jahren lieb gewonnenes Ritual, jeden Morgen mit meiner Mutter zu telefonieren. Der Tagesablauf, das Mittagessen, die jeweiligen Pläne für den Tag, Klatsch und Tratsch aus der Nachbarschaft und vieles mehr werden besprochen. Wir wohnen ca. 150 km voneinander entfernt, und meine Mutter und ich zelebrieren **145**

das morgendliche Telefonat auch mit diversen Gefühls-
schwankungen auf beiden Seiten, je nach emotionaler Ge-
samtlage. Frust, Freude, Pläne, Ängste und auch Lebens-
weisheiten werden für den Tag ausgetauscht. Ich muss
dann spontan entscheiden, wie ich reagiere. Manchmal
tröste, lache oder plane ich mit. Oft höre ich zu, lerne,
nehme mir die Zeit und bin einfach »da« für das, was
meine Mutter an diesem Tag beschäftigt, denn es ist ihr
wichtig, was sie zu sagen hat! Manchmal kenne ich die
Leute gar nicht, über die sie mir eine Begebenheit erzählt,
aber das ist egal. Es beschäftigt sie, und sie lässt mich
teilhaben an ihrem Alltag – trotz der räumlichen Distanz.

Ich erzähle ihr auch von meinen Begegnungen und was
mich sonst so beschäftigt. Das schafft vertraute Nähe und
gibt ihr das Gefühl, auch Teil meines Lebens zu sein. Die
individuellen Grenzen bleiben trotzdem gewahrt.

Ein Tag ohne dieses Telefon-Ritual wäre kein guter Tag ...
und ich frage mich, für wen der Austausch eigentlich wichtiger ist ...

Ein Ritual (lat. ritualis) oder Brauch, Gewohnheit, ist eine
nach bestimmten Regeln ablaufende, meist formelle oder
oft feierlich-festliche Handlung mit einem hohen Sym-
bolgehalt. Es ist eine Interaktion mit der Umwelt mit einem geregelten Ablauf. Dadurch wird Halt, Struktur und
Orientierung vermittelt. So liest man die Erklärung im
Internet.

Rituale geben also Sicherheit, Orientierung und stär-
ken das »Wir-Gefühl«, besonders in Stresssituationen.
»Ein Ritual trägt immer ein Alltagskleid«, sagt man – das
bedeutet, es wiederholt sich regelmäßig, und das ist wich-
146   tig! Manchmal ist es bewusst terminiert (regelmäßige

Treffen mit Enkelkindern oder im Freundeskreis), und manchmal »ergeben« sich Rituale wie von selbst, einfach weil uns bestimmte Termine, Dinge oder Abläufe lieb und teuer geworden sind, so, wie der tägliche Anruf bei meiner Mutter. Der Anruf vermittelt eine gewisse Struktur, ein Schema und eine Konstante im Tagesablauf, und das gibt meiner Mutter (und auch mir) Sicherheit, denn wenn es gestern so war, dass wir miteinander telefoniert haben und auch heute, ist die Wahrscheinlichkeit (gefühlt) groß, dass es auch morgen und übermorgen so sein wird. Damit ist die Situation des »Alt Werdens« und des möglichen Abschieds unter Kontrolle. Dass das eigentlich ein Trugschluss ist, ist jedem von uns bewusst, aber unser immer wiederkehrendes Ritual erzeugt das Gefühl von Stabilität. Wir ziehen das durch – jeden einzelnen Tag. Wird es mal ein bisschen später, weil ich einen frühen Termin habe, kündige ich das vorher an und rufe spätestens auf dem Rückweg an. Sonst würde sich meine Mutter Sorgen machen. Ein Ritual, das unterbrochen wird, schafft Verunsicherung und schürt Misstrauen.

Rituale sind so individuell wie ihre Familien, die sie leben. Ich habe Familien kennengelernt, die seit Jahr und Tag mit Geschwistern und Eltern und Enkelkindern ein Herbstwochenende in einem Haus in Dänemark verbringen. Es wird gekocht, gegessen, gespielt, gelacht und viel geredet. Lange Spaziergänge mit den Kindern und Hunden schaffen neue Erinnerungen. Das kann man (mit einem gewissen Aufwand) auch in der beginnenden Pflegebedürftigkeit fortsetzen. Es gibt z. B. spezielle Angebote für Urlaube mit zu Pflegenden (siehe Initiativen und Netzwerke).

Wichtig ist eine Verlässlichkeit – nicht die Quantität der Urlaube, Anrufe oder Besuch – sondern die Qualität.

In der Orientierungslosigkeit (besonders bei einer demenziellen Erkrankung) der beginnenden Pflegebedürftigkeit können (Alltags-)Rituale helfen, den Tag besser zu strukturieren. Durch die »Abhängigkeit« von externen Hilfen (Töchter, Söhne, ambulante Dienste, osteuropäische Haushaltshilfen) können ritualisierte Tagesabläufe, die durcheinandergeraten für noch mehr Unruhe sorgen. Sie schaffen aber möglicherweise neue Rituale – zum Beispiel das Bereitlegen von Plätzchen oder Schokolade für die Pflegekräfte, oder ein »Zu-Bett-geh-Ritual«, das zelebriert werden kann.

Paare haben oftmals über Jahrzehnte Rituale in ihren Alltag integriert. Sie sind aneinander gewöhnt. Sie kennen sich und können Sätze, die der eine begonnen hat, für den anderen beenden. Wie verstörend, wenn das z .B. nach einem Schlaganfall nicht mehr möglich ist.

Meine Eltern lösen seit vielen Jahren gerne gemeinsam Kreuzworträtsel. Das ist auch ein Ritual. Denn es findet immer nach dem gleichen Muster statt. Wenn meine Mutter keine Lust mehr darauf hat, macht es mein Vater zu Ende. Kleine Dinge, aber sehr hilfreich für die Tagesstruktur.

Wenn seit 50 Jahren das Mittagessen immer zur selben Zeit auf dem Tisch stand, sollten wir es ermöglichen, dass das »mobile Essen auf Rädern« ebenfalls zu dieser Zeit kommt. Und da es freitags immer Fisch gab, kann ich auch das dort bestellen. Das Tischgebet wird selbst von demenziell Erkrankten oftmals noch erinnert, und die Lieblingstageszeitung kann immer noch neben dem Frühstücksteller liegen, auch wenn sie nur teilweise gelesen wird.

Nach Möglichkeit sollten solche Rituale so lange wie möglich beibehalten werden, auch wenn sie zum Beispiel durch einen unterstützenden ambulanten Dienst oder durch Angehörige »gestört« werden.

Wie sehr muss es dann Pflegebedürftige erschüttern, da sie ja sowieso schon einen massiven »Kontrollverlust« erleiden, Fähigkeiten und Autonomie zunehmend verlieren, wenn Veränderungen im ritualisierten Tagesablauf eintreten.

Rituale, die das soziale Leben strukturieren und die so wichtigen Freundschaften, die häufig jahrzehntelang bestehen, bringen Abwechslung, erfreuen uns, machen unser Leben bunter. Der früher regelmäßig »reihum« durchgeführte »Kaffeeklatsch« mit den drei Freundinnen, der Skatnachmittag mit den Nachbarn, das im Wechsel jahreszeitlich wechselnde Spargel-Essen, Grillen, Forelle-Essen und die Weihnachtsgans sind nicht nur Rituale, sondern die Zeremonie vermittelt Freude, Hoffnung und Spaß am Leben – trotz aller Einschränkungen.

Meine Eltern mussten mit ihren Freunden aus gesundheitlichen Gründen aus einem vierteljährlichen, für alle sehr wichtigen Ritual aussteigen. Keiner konnte mehr das Essen für acht Leute zubereiten. Gemeinsam überlegte der Freundeskreis, wie sie diese schöne Tradition trotzdem beibehalten könnten und entschieden sich für eine besser zu organisierende Form. Sie passten das Ritual an die Möglichkeiten mit all ihren Einschränkungen an. Die Idee: Statt des aufwendigen Essens, das mühevoll vorbereitet werden musste, gab es »nur« noch eine kleine, schnell aufgedeckte Käseplatte und den passenden Wein dazu. Trotz demenziellen Erkrankungen, Rollstühlen und Rollatoren, setzen alle ihr Möglichstes daran, immer pünktlich zu erscheinen – auch wenn es Mühe kostet. Und hinterher versprechen sich alle, diese eingeschworene Gemeinschaft so lange wie möglich beieinanderzuhalten.

Mein Fazit: Rituale sind grundsätzlich feststehend, aber es spricht auch nichts dagegen, neue zu schaffen, alte Rituale situativ anzupassen oder Bestehendes leicht verändert fortzuführen.

Rituale, Freundschaft, soziale Teilhabe – viele Kleinigkeiten, die in der Summe zur Stabilität im Tagesablauf beitragen und Lebensfreude sichern.

Gewalt

Ein Tabuthema und ein schwieriges! Gewalt ist immer etwas Negatives und wird oft als Zeichen von Versagen gewertet und mit Schuld, Schuldzuweisungen und Verurteilung verbunden und geahndet. Scham und Angst lassen Täter aber auch Opfer schweigen.

Ist Prävention und Aufklärung die Lösung? Ja, das ist wichtig, genauso wie das Eingestehen und Reflektieren, dass »etwas schiefläuft« und der Mut, sich professionelle Hilfe zu holen! (Siehe Krisentelefone im letzten Kapitel)

Scham fühlen Betroffen, wenn sie ihre Gefühle nicht unter Kontrolle haben und Gewalt ausüben. Es soll hier nicht um Tätersolidarität gehen, denn wir sprechen hier nicht von »kriminellen Gewalttätern« in strafrechtlichen Bezügen, sondern von pflegenden Angehörigen, die überfordert sind. Tatsächlich sind Übergriffe in der Häuslichkeit nur selten strafrechtlich relevant, da sie erstens schwer nachzuweisen sind, die Dunkelziffer hoch ist und zweitens z. B. Anschreien, Auslachen und Ähnliches nicht im Strafgesetzbuch verankert sind.

Wenn pflegende Angehörige Gewalt ausüben, ist das oft ein »Hilfeschrei«. Pflegende üben Gewalt aus, wenn sie keinen anderen Ausweg sehen und maximal mit der Situation überfordert sind durch eine Spirale aus Frustration, Schlafentzug, Erschöpfung und sozialer Isolation. Nicht nur in der häuslichen Versorgung, sondern auch in anderen Versorgungsformen hört man leider immer wieder von gewalttätigen Übergriffen oder Demütigungen. Das rechtfertigt keine gewalttätigen Handlungen, denn Gewalt darf niemals sein! Trotzdem existiert sie und sollte nicht tabuisiert werden. Selten kommt es zur »Selbstanzeige« und zur Annahme von Hilfe, weil sich die Täter schämen.

Die »Opfer« von Gewalt (und das können sowohl die Pflegebedürftigen als auch die Angehörigen sein, die misshandelt werden) schämen sich ebenfalls. Aus vielen Berichten wissen wir, dass sich Opfer selber schuldig fühlen oder gar meinen »sie hätten es verdient«, misshandelt zu werden. Die Scham gefühlt »falsch« zu sein und/oder sich nicht gewehrt zu haben oder gar Gewalt provoziert zu haben, lässt sie schweigen. Das wiederum führt dazu, dass auch von dieser Seite Übergriffe selten gemeldet werden.

Dazu kommt die Angst der Opfer vor weiteren »Strafen« – denn gewalttätige Übergriffe werden mit Drohungen verbunden: »... wenn du was sagst, wirst du es bereuen ...«

Die Angst der Täter, die eigentlich Hilfe wollen und brauchen, bezieht sich auf Strafe, Stigmatisierung und Verlust. Wenn Gewalt auffällt durch blaue Flecken, Verbrennungen usw. werden fadenscheinige Ausreden (»Vater ist gestürzt, Mutter hat sich gestoßen«) gefunden und die Taten abgestritten und verleugnet. Es ist sehr schwierig im Verdachtsfall zu intervenieren. Bei wem denn auch? Bei Verdachtsfällen bei Kindern und Jugendlichen kann man das Sozial- und/oder Jugendamt einschalten.

Die Gründe für Gewalt sind vielschichtig. In der Studie des
BMFSSJ »Sicherer Hafen oder gefahrvolle Zone« wurden

Risikofaktoren für Misshandlungen und Vernachlässigungen von Pflegebedürftigen durch familiär Pflegende herausgearbeitet. Genannt werden: ein gemeinsamer Haushalt, aggressives und gewalttätiges Verhalten von der pflegebedürftigen Person (Gewalt erzeugt Gegengewalt), demenzielle Erkrankungen, Suchtmittelabhängigkeit der Pflegeperson, kognitive Beeinträchtigung der Pflegeperson, (gefühlte oder tatsächliche) soziale Isolation der Pflegenden und die Qualität der Beziehung bei Eintritt in die Pflegesituation (ggf. biografische Themen, unbearbeitete Kindheitstraumen usw.).

Wut, Verzweiflung, Überforderung, Depressionen/psychische Erkrankungen, eigene körperliche Erkrankungen, mangelnde Unterstützung – also eine generelle Überforderung sind weitere Risikofaktoren. Das Geschlecht spielt in der allgemeinen Gewaltforschung zwar eine große Rolle (dort sind überwiegend Männer die Täter und Frauen die Opfer), aber in Pflegesituationen, die prozentual überwiegend von Frauen ausgeführt werden, trifft das nicht zu. Hier scheint es keine großen Geschlechterunterschiede zu geben.

Bei weiterem Interesse an der neuesten Studie zum Thema finden Sie in der Literaturliste Hinweise.

Es sollte klar sein, das ein »Nein« immer »Nein« meint! Im juristischen, sowohl zivil- als auch strafrechtlich relevanten Bereich wird Gewalt definiert als »körperlich oder psychisch wirkender Zwang, der durch Kraft oder ein sonstiges Verhalten entsteht. Ziel ist es, die freie Willensbildung und -bestätigung der anderen Person unmöglich zu machen oder zumindestens zu beeinträchtigen.« **153**

Man unterscheidet zum einen die »Vis compulsiva«, die auch als willensbeugende Gewalt bezeichnet wird und auf eine Nötigung abzielt und mit der der Täter bei dem Opfer einen bestimmten Willensentschluss hervorrufen will.

Zum anderen gibt es die »Vis absoluta« – die absolute Gewalt, bei der die Willensbildung des Opfers komplett unterbunden wird oder aber ein Wille gebildet wird, dieser jedoch nicht bestätigt werden kann. Das kann durch Betäuben ebenso geschehen wie durch Einsperren. Berichte über Fixierungen, Einsperren (FEM = Freiheitsentziehende Maßnahmen) und Sedierung mit Medikamenten sind aus vielen Berichten über Pflegearrangements leider bekannt ...

»Schwierige häusliche Pflegearrangements« sind prädestinierte Situationen für physische und psychische Gewalt bzw. Viktimisierung (zum Opfer machen) durch langanhaltenden Stress und Überforderung – sowohl auf Seiten der pflegenden Angehörigen als auch der Pflegebedürftigen.

Gewalt an Pflegebedürftigen wird in verschiedenen Punkten differenziert:

- *Physische Gewalt*: Schmerzen zufügen (kneifen, kratzen, beißen, zerren oder grob anfassen, schubsen, treten, schlagen [mit der Hand oder einem Gegenstand], zum Essen oder Trinken zwingen, spucken, zu heiß oder zu kalt baden, sexueller Missbrauch)
- *Psychische oder emotionale Gewalt*: Beleidigungen, abfällige Bemerkungen, einschüchtern, bedrohen, anschreien, herumkommandieren

- *Vernachlässigung*: nicht lagern, nichts zu essen oder trinken geben, Wäsche nicht wechseln, nicht bei Körperpflege helfen, Verbände nicht wechseln o. ä Pflegemaßnahmen unterlassen.
- *Freiheitsentziehende Maßnahmen* (FEM): einsperren, festbinden, am Sessel fixieren, isolieren, mit Medikamenten »ruhig stellen« u. Ä.
- *Finanzielle und materielle Ausnutzung*: ungesetzliche oder ungeeignete Verwendung von Vermögen/Besitz.

Eine schon erwähnte Unterscheidung ist es, wer Gewalt ausübt: Pflegende oder Pflegebedürftige. Da die Pflegebedürftigen meist körperlich in der schwächeren Verfassung sind, geht es bei der Gewalt gegen Pflegende eher um psychische Gewalt. Verbale Gewalt wie beschimpfen, beleidigen, schikanieren und demütigen ist eine weitere Form der Gewalt gegen Pflegende (Angehörige). Diese wird als extrem belastend empfunden und provoziert womöglich (Gegen-)Gewalt.

Bei einer demenziellen Erkrankung muss sich der pflegende Angehörige immer wieder in Erinnerung rufen, dass es die Erkrankung ist, die da »spricht/schlägt/spuckt/beißt« und nicht der Vater oder die Mutter. Das ist schwierig und bringt viele Angehörige an ihre Grenzen, besonders wenn sie sich gegen Angriffe wehren, denn dann sind die eigentlichen Opfer in der Rolle der Gewaltausübenden.

Hinter all diesen »Übergriffen« stecken wie immer Geschichten. Es soll hier von mir kein Urteil gefällt werden. Wie belastend für beide Seiten die Pflege ist, haben wir auch in den Geschichten der Betroffenen gehört. Festzuhalten ist hier, dass Gewalt immer negativ ist und keine Lösung! Sie ist ein Symptom. Selbstverständlich muss alles dafür getan werden, präventiv Gewalt zu vermeiden. Aufklärung ist das eine, darüber reden das andere. Tabuisieren und Stigmatisieren hilft nicht weiter.

Es gibt verschiedene Hilfsangebote in der unmittelbaren Nachbarschaft, an die man sich auch anonym wenden kann, wenn man Opfer von Gewalt geworden ist oder selber Gewalt angewendet hat. Dazu bedarf es einer Reflexion des eigenen Verhaltes. Häufig meinen wir es gut, wenn wir unser Angehörigen z.B. zum Essen oder trinken motivieren. Doch kann genau das möglicherweise in emotionalen Druck ausarten, lautes Ansprechen (Schreien) und der Moment, den Löffel etwas unsanfter zum Mund zu führen, all das ist schnell erreicht. Eine gegenseitige Aufmerksamkeit in der Familie (keine Kontrolle) kann hilfreich sein. Sensibilität für das eigene Verhalten, Achtsamkeit mit sich selber (eigene Lebensqualität beachten) und das Gespräch mit anderen Menschen in vergleichbaren Situationen sind erste Schritte. Bei einer nicht zu lösenden Konfliktsituation können und müssen andere Versorgungsformen (Tagespflege, stationäre Versorgung oder andere externe Personen, die die Pflege professionell übernehmen können) dringend in Erwägung gezogen werden.

Wut und Verzweiflung

... sind unangenehme Gefühle, die in einer engen, familiären Situation eigentlich nichts zu suchen haben ... Eigentlich!

Wenn man wütend ist, ist das sehr schnell ein »globales« Gefühl, da es sich auf Menschen, Objekte und/oder die Situation bezieht. Diese Emotion äußert sich auch körperlich. Wir haben »Zornesfalten« auf der Stirn, der Blutdruck steigt (das ist gut an der geschwollenen Halsschlagader zu sehen), die Atmung ist schneller und die Lippen zusammengepresst. In der Wut steckt sehr viel Energie, die – wenn es gelingt, sie zu kanalisieren – eine Veränderung herbeiführen kann.

Statt Wut und Verzweiflung in Gewalt umzuwandeln (was sehr schnell passieren kann), können wir versuchen, die überschüssige Energie in Aktivität zur Verbesserung des »Ärgernisses« zu verwandeln.

Diese unangenehme, aber (meistens) natürliche Emotion macht uns deutlich, dass etwas ganz und gar schiefläuft. Etwas, das wir unbedingt verändern müssen – auch um uns selber zu schützen. Es gibt keinen Grund, sich für diese Gefühle zu schämen oder sich gar schuldig zu fühlen. Sie sind als Warnsignal zu verstehen und sollten beachtet und bearbeitet werden.

Einige ganz praktische Tipps zur Entlastung mit diesen negativen Emotionen können z. B. folgende Möglichkeiten sein:

- Bewusstes Wahrnehmen und Akzeptieren/Erlauben von Verzweiflung und Wut
- Analyse und Bewertung der auslösenden Situation
- Ansprechen und den Dialog suchen und sich ggf. aus der Situation herausnehmen. (Gewaltprävention!)
- Eigenes Bedürfnis wahrnehmen (rennen, spazieren gehen, beruhigen, »frische Luft schnappen«, sich für den Moment aus der Situation entfernen, zur Ruhe kommen)
- Emotion verbalisieren (Ich-Botschaft verwenden) und ausdrücken »... ich bin wütend, weil ...«
- Konsequenzen ziehen und lösungsorientierte Veränderungen herbeiführen
- Ggf. professionelle Hilfe in Anspruch nehmen (siehe Krisentelefone, Selbsthilfegruppen, Therapeuten im Anhang)

Wut und Verzweiflung darf sich nicht gegen die Pflegebedürftigen richten, aber auch nicht gegen uns selber! Es wäre besorgniserregend, wenn uns das wiederholte, ungerechte Beschimpfen durch den dementen Vater »kalt« lassen würde.

Negative Gefühle wahrnehmen, erkennen, benennen und dann auch noch daraus Konsequenzen zu ziehen, ist eine echte Herausforderung ... aber (mit Hilfe) zu schaffen.

KAPITEL 3

Das sagen die Pflege-Profis

Ich habe für Kapitel 1 ja eigentlich schon mit »Experten« gesprochen, denn wer könnte mehr zum Thema sagen als diejenigen, die unmittelbar betroffen sind. Die Pflegenden selbst. Es gibt aber zum Glück auch eine ganze Reihe hochkompetenter Menschen, die sich politisch, theoretisch-wissenschaftlich und auch praktisch mit der Thematik auseinandersetzten. Das ist wichtig, denn mit deren Erkenntnissen und Erfahrungen können Betroffene sachgerecht argumentieren, da Emotionen in einer Diskussion z. B. zur Kostenübernahme eher weniger helfen.

Ich hatte die Gelegenheit, mit unterschiedlichen Profis aus verschiedenen Disziplinen zu sprechen, die ebenfalls jeden Tag mit Pflegenden und Pflegebedürftigen zu tun haben. Ich kenne alle persönlich und zum Teil schon viele Jahre. Einige von ihnen wollen namentlich nicht genannt werden. Ihrem Wunsch habe ich entsprochen und das Interview anonymisiert. Dennoch sind die Interviews real, aktuell und mit einer hohen fachlichen Expertise. Sie spiegeln einen kritischen Blick auf das »System Angehörigenpflege«.

Gespräch mit einer Gerontotherapeutin

Heike Schwabe lädt mich zu Kaffee und Kuchen in ihre sehr schön gestaltete Tagespflegeeinrichtung ein. Es riecht nach frisch gebackenem Kuchen, und ein lachender älterer Herr fragt, als ich hereinkomme, ob er mir helfen kann. Eine Pflegekraft eilt herbei, fasst den Herrn vorsichtig am Arm und fragt ihn, ob er jetzt Kuchen essen will.

Da kommt auch schon meine heutige Gesprächspartnerin, Heike Schwabe, die Leiterin und Trägerin der Tagespflegeeinrichtung. Sie ist Krankenschwester, Gerontotherapeutin und hat Angewandte Gesundheitswissenschaften studiert. Neben ihrer Tätigkeit als Dozentin und Beraterin sitzt sie in diversen Gremien – u. a. als 1. Vorsitzende des DED (Deutsche Expertengruppe Dementenbetreuung) e.V.

Wir sind hier in einem kleinen Dorf in der niedersächsischen Pampa verabredet. Eine Woche zuvor waren wir uns bei einem öffentlichen Vortrag begegnet. Wir kannten uns aus früheren beruflichen Zusammenhängen und kamen nach dem Vortrag ins Gespräch.
Ich freue mich darüber und danke Frau Schwabe, dass sie sich Zeit für mich genommen hat.

Auf meine erste Frage, warum Angehörige sich überhaupt auf die anspruchsvolle Pflege ihrer Eltern oder Schwiegereltern einlassen, lacht sie ein bisschen.

»Das ist hier auf dem Dorf üblich, wie sich das so gehört, weil die Nachbarn das erwarten und weil man vielleicht ein Ver-

sprechen gegeben hat, dass die Mutter oder der Vater nie in ein Heim muss. Bei den Schwiegereltern ist es vielleicht eher eine Art Pflicht, denn schließlich hat man ja den Hof übernommen. Es ist dann also so etwas wie eine Verpflichtung dem Mann und den Schwiegereltern gegenüber. Die jüngeren Frauen werden dabei allerdings zunehmend selbstbewusster und reflektierter, denn sie sagen sehr deutlich, dass sie die Pflege nicht übernehmen können (wegen eigener Berufstätigkeit oder eigenen Kindern) oder wollen.

Hier im ländlichen Bereich ist das Frauenbild manchmal noch etwas schematisch: Frauen haben ihre Kinder gewickelt – bei der Pflege von Eltern oder Schwiegereltern ändert sich nur die Größe der Inkontinenzmittel, also können sie deren Pflege ja wohl auch übernehmen ... so eine oft gehörte Argumentation.

Ein weiterer Grund ist es gelegentlich auch, dass es eine Aufbesserung des eigenen Einkommens darstellt. Denn das »System Pflege« – je nach Pflegegrad – finanziert manchmal ganze Familien ... da eine Heimunterbringung zusätzlich Geld kostet. Außerdem werden sämtliche Entlastungsmöglichkeiten wie z. B. durch einen ambulanten Pflegedienst nicht wahrgenommen, da man sich im ländlichen Bereich ungern festlegt, sowohl mit Terminen, ›fremden‹ Menschen als auch mit anderen Verbindlichkeiten. Man bekommt feste Vorgaben vom ambulanten Dienst, müsste ggf. präsent sein oder warten. Die Bezugspersonen wechseln häufig, und die Pflegekräfte könnten ›hinter die Kulissen‹ schauen. Damit meine ich die vielleicht nicht immer einfachen Familiensysteme. Das spricht alles gegen externe Hilfen und Entlastungen«, weiß Frau Schwabe aus ihren vielen Gesprächen und langjährigen Erfahrungen mit pflegenden Angehörigen.

Familiensysteme ist ein Wort, das auch in der Fachliteratur häufig zu lesen ist. Das meint das »dynamische Gebilde«, dessen »Teile« zwischen Spannungsfeldern und Verbundenheit agieren. Manchmal gibt es etwas schwierigere »Konstrukte« oder »Allianzen«, die sich in Familien bilden können. Das kann zum einen biografische (z. B. Kindheitstraumen), strukturelle (z. B. eigene Berufstätigkeit), zum anderen persönliche (nicht jeder kann/will pflegen) Gründe haben.

Das klingt einerseits ernüchternd, obwohl klar ist, dass ländliche Strukturen andere »Regeln« vorgeben als städtische – andererseits sind Familiensysteme oft eben tragfähige und verlässliche Konstrukte.

Dass Pflege auf dem Land anders funktioniert als in der Stadt ist mehrfach erforscht. Auf dem Land greifen häufig familiäre und soziale Strukturen und Hilfsmechanismen – in der Stadt gibt es viel mehr »professionelle« und fachliche Angebote. Die Infrastruktur der Pflege ist in der Stadt deutlich »formaler« – auf dem Land eher »informell«, womit ich die Mund-zu-Mund-Propaganda in Familie, Kirchengemeinde, Nachbarschaft meine.

Das zeigt sich auch bei der nächsten Antwort von Frau Schwabe, als ich sie nach dennoch genutzten Entlastungsmöglichkeiten wie osteuropäische Hilfskräfte befrage.

»Die Höfe hier sind sehr groß. Da gibt es viel Wohnraum, und es ist leicht, osteuropäische Hilfskräfte, die 24 Stunden buchstäblich ›alles‹ machen, zu finden. Sie putzen, machen den Garten, kümmern sich um Kinder und Hoftiere, kochen und pflegen. Wir sehen in der Einrichtung öfter Pflegefehler, die von ungelernten Hilfen verursacht werden. Diese Frauen, die

zum Teil schon die »2. Generation« sind, haben ein ganz ande-
res Verständnis von Fürsorge. Es ist ein anderer Kulturkreis,
eine andere Sprache, und wir haben als Einrichtung kaum eine
Möglichkeit zu intervenieren. Wir dokumentieren und bera-
ten, aber die Entscheidung, wie gepflegt wird, liegt immer bei
den Angehörigen bzw. bei den strukturellen und persönlichen
Präferenzen der Entscheider.«

Als ich den Rollenwechsel der pflegenden Angehörigen
anspreche, ist Frau Schwabe komplett in ihrem Element,
denn sie hat dazu schon mehrere Artikel veröffentlicht.
(Siehe auch weiterführende Literatur)

»Der Rollenwechsel ist eine besonders schwere Belastung –
erst recht für pflegende Ehepartner. Die vorangegangene
Paarbeziehung ist von entscheidender Bedeutung für die Pfle-
gebeziehung. War eine Ehe schon früher von Nichtachtung,
mangelndem Respekt oder gar Gewalt geprägt, wird sich die
noch viel schwierigere Pflegebeziehung sicher nicht in etwas
Positives verwandeln.

Aus einer einstmals liebevollen Ehe mit Nähe und part-
nerschaftlichem Austausch wird eher eine funktionale Versor-
gung, besonders wenn Männer auch noch Haushaltspflichten
mit übernehmen müssen. Die versprochene Verantwortung,
die man sich im früheren Ehegelöbnis gegeben hat, kann sich
zu etwas Positivem entwickeln, nämlich ein ›Zurückgeben‹,
dass der Partner ein Leben lang so gut für seine Familie ge-
sorgt hat. Das Einfache ›Da-sein‹ kann eine sehr sinnstiftende
Erfüllung für den pflegenden Ehepartner sein.«

Im ländlichen Bereich beginnt ein Rollenwechsel der
pflegenden Angehörigen oft schon mit der Übergabe des

Hofes. Früher (und teilweise noch heute) gab es sogenannte »Altenteile« (je nach Region: »Ausgedinge«, »Austragshaus« o.Ä.), in dem die Alten wohnten und versorgt wurden (mit Nahrung, Kleidung, Taschengeld, Wärme und Pflege – das war sogar häufig schriftlich/rechtlich geregelt).

Wenn die jüngere Generation den Hof übernahm, traten die Alten ihr Haus, ihre Aufgaben und ihre »Macht« ab. Die Familienhierarchie veränderte sich. Die Rollen wurden neu verteilt – die Schwiegertöchter kümmerten sich traditionsgemäß um den Hof, in den sie »eingeheiratet« waren und um alles, was dazu gehörte. In der Dorfgemeinschaft wurde ein Platz »erarbeitet« – vielleicht den, den einstmals die Schwiegermutter innehatte ... in Ansätzen ist dies im kollektiven Gedächtnis der Dorfgemeinschaft noch immer existent. Und so fallen vielen jungen Frauen trotz eigener Berufstätigkeit und Karriere diese Aufgaben zusätzlich zu – Konflikte sind vorprogrammiert ... aber gelegentlich gelingt der Spagat zwischen Tradition und Moderne.

»Der positive Effekt der Pflege von Angehörigen ist Beziehung!«, bringt es Heike Schwabe zum Abschluss unseres sehr emotionalen Gespräches auf den Punkt.

Gespräch mit einem Pflegegutachter

Ein »Pflegeberater« arbeitet und – wie der Name schon sagt – »berät« in einem regionalen Pflegestützpunkt, am Telefon oder macht Hausbesuche im Auftrag der Pflegeversicherung. Pflegende Angehörige, Pflegebedürftige und Ratsuchende, »... die Leistungen aus dem SGBXI erhalten« haben einen rechtlichen Anspruch (nach § 7a,b,c I), sich kostenlos und unabhängig informieren und beraten zu lassen. Es gibt auch praktische Hilfe bei Anträgen, Formularen oder Gesprächen mit den Kostenträgern. (Adressen siehe Beratungsstellen im Anhang).

Ein »Pflegegutachter« ist hingegen derjenige, der zu Hause (oder in den Heimen) die Pflegebedürftigen besucht bzw. »begutachtet« (nach bestimmten festgelegten Kriterien, online abrufbar, siehe Anhang), um den Pflegegrad und damit die Finanzierung durch die Pflegeversicherung festzustellen.

Diesen Unterschied erklärte mir mein Interviewpartner, der ein Mitarbeiter des Medizinischen Dienstes ist, als wir uns trafen. Da er jeden Tag einen direkten persönlichen Kontakt zu den Pflegebedürftigen und fast immer auch zu den Angehörigen hat, erschien er mir als Experte besonders für die Motivation und Gefühlslage der pflegenden Angehörigen ein Spezialist zu sein, und genau das sollte auch unser Hauptthema werden.

Meine erste Frage geht dann auch gleich in diese Richtung, als ich – aus seiner Erfahrung – nach dem Hauptgrund für die Übernahme der Pflege von Angehörigen fragte.

»Das ist für mich relativ deutlich«, sagt der langjährige Pflegegutachter, *»... das höre ich aus vielen Gesprächen heraus ... die (Familien-)Biografie spielt eine entscheidende Rolle ... um nicht zu sagen ›die‹ entscheidende Rolle ... Das heißt, wie ist – beziehungsweise war – das Verhältnis zu den Eltern oder Schwiegereltern? Was ist aus der Vergangenheit unbearbeitet geblieben? Gab es Verletzungen oder Traumen, die nicht aufgelöst wurden? Wie war das frühere Leben in der Familie vor der Pflege? Und wichtiger noch: Wie ist die Grundeinstellung zur Pflegeübernahme? Bin ich bereit, mein eigenes Leben umzukrempeln, möglicherweise Abstriche zu machen oder meine Zeit anders zu planen? Und zwar über mehrere Jahre? Die Dauer der Pflege wird oftmals sehr unterschätzt. Wir reden hier nicht von ein paar Wochen oder Monaten, sondern sehr oft von vielen Jahren.«*

Einiges davon war mir schon bekannt, aber bei dem Begriff »Grundeinstellung« hake ich das erste Mal nach und frage, was er genau meint.

»Damit meine ich, ›wie‹ ich an die vor mir liegende Aufgabe herangehe. Mache ich das nur, weil ich mich verpflichtet fühle, weil ich es vielleicht früher mal unbedacht versprochen habe? Oder weil meine Geschwister zu weit weg wohnen? Sehe ich das Ganze positiv – vielleicht sogar als Chance für etwas, was im Laufe der Jahre verlorengegangen ist, um es wieder aufzubauen ... Nähe, Vertrauen und Liebe? Die Lebenszeit von alten Eltern oder Angehörigen ist endlich. Diese Zeit kann man auch als geschenkte Zeit sehen und für beide Seiten positiv nutzen. Es kommt auf die Architektur der Gestaltung an. Da gibt es ja viele Möglichkeiten, die zumindest zum Teil von der Pflegeversicherung finanziell unterstützt werden. **167**

Die Informationen gebe ich natürlich auch, aber direkte und praktische Hilfe bieten dann die Kollegen im Stützpunkt an.«

Etwas vorlaut provoziere ich ihn, ob das nicht etwas »schöngeredet« sei, denn er selber wisse doch sehr gut, wie anstrengend und herausfordernd so eine mitunter jahrelange Pflegeübernahme sei, besonders bei schweren körperlichen Einschränkungen oder bei demenziellen Erkrankungen.

»Ja, natürlich«, gibt er zu und schmunzelt ein bisschen. »Das stelle ich auch nicht in Abrede! Im Gegenteil! Ich sehe sehr oft, dass sich Angehörige bis hin zur Selbstaufgabe regelrecht aufopfern und selber schwer krank werden. Das hat sicher kein Vater oder keine Mutter gewollt, dass sein oder ihr Kind, das vielleicht selber schon im Rentenalter ist, durch die Pflege krank wird. Wenn ich mit pflegenden Töchtern oder Enkelinnen spreche, merke ich schnell, ob sie am Ende ihrer Kräfte sind. Da gebe ich dann Anregungen, um sich selber Hilfe zu suchen. Manchmal ist eine Heimunterbringung eine Entlastung für alle Beteiligten. Das muss nicht immer negativ sein, denn die Angehörigen können dann möglicherweise jeden Tag oder jeden zweiten ganz entspannt und ausgeruht ein oder zwei Stunden zu Besuch kommen. Das war doch früher auch so, dass man seine Eltern sonntags und zu den Feier- und Geburtstagen besucht hat und dann sein eigenes Leben fortgesetzt hat. Warum muss eine Heimunterbringung immer ein Schreckensszenario sein? Es gibt sehr viele gute stationäre Einrichtungen.«

Aus diesem Blickwinkel ist die Entscheidung für einen Heimplatz nicht unbedingt etwas Negatives, jedenfalls ist es eine überlegenswerte Alternative zur Pflege zuhause. Denn nur weil der Vater oder die Mutter im Heim lebt, heißt es ja nicht, dass ich nicht mehr für sie da sein und sie nicht mehr besuchen kann.

Ich möchte noch einmal etwas mehr zu den biografischen Gründen wissen.

»Ich rate den Angehörigen, ehrlich gegenüber sich selber zu sein. Man sollte keine ›offenen Rechnungen‹ mehr haben, wenn man Pflege übernimmt. Das spielt besonders bei Ehepartnern eine große Rolle! Wenn die Beziehung oder Ehe schon früher ›asymmetrisch‹ war, wird sich das in der Abhängigkeit einer Pflegesituation noch zusätzlich manifestieren, und da sind Übergriffe nicht weit …«.

Hier macht er einen Moment Pause, und bevor ich etwas dazu fragen kann, spricht er weiter:

»In einer liebevollen Beziehung ist es gerade für die ältere Generation eine Selbstverständlichkeit, sich um seinen Mann oder seine Frau zu kümmern, wenn sie pflegebedürftig werden. Da gibt es selten eine Grundsatzdiskussion. Das hat man sich schließlich vor Jahrzehnten versprochen. ›In guten wie in schlechten Tagen‹ …

War die Paarbeziehung aber geprägt von Druck, Missachtung, Unverständnis oder gar Gewalt, sind das eben »offene Rechnungen«, und da ist es fast nachvollziehbar, dass sich die Pflegenden manchmal ›rächen‹. Das muss nicht unbedingt körperliche Gewalt sein – die gibt es natürlich leider auch. Manchmal ist es eine ganz subtile Art, wie solche ›offenen Rechnungen‹ beglichen werden: Ignoranz, Einstellung von

Kommunikation, längere Zeit alleine lassen bis hin zur Isolation, Einsperren oder Verweigerung von frischen Getränken o. Ä. – da verkehren und intensivieren sich alte Beziehungsmuster ...

Es gibt natürlich auch das genaue Gegenteil. Ich habe schon viel Partnerschaftspflege gesehen, wo beide äußerst liebevoll und authentisch miteinander umgehen. Da werden gemeinsam alte Fotoalben angeschaut und sich die Geschichten aus der Vergangenheit erzählt, oder von gemeinsam gemachten Reisen gesprochen und dabei liebevoll die Hände eingecremt, oder man freut sich gemeinsam an den beruflichen und privaten Erfolgen der Enkel.«

Es scheint also wirklich auch viele positive Erfahrungen in der häuslichen Pflege zu geben.

Ich möchte von meinem Interviewpartner noch wissen, worüber sich die pflegenden Angehörigen am meisten Sorgen machen.

»Das ist je nach eigener Lebenssituation sehr unterschiedlich. Ich komme zur Begutachtung in Hartz-IV-Haushalte oder in villenähnliche Einfamilienhäuser. Oft geht es um finanzielle Absicherung, denn jahrelange Pflege frisst oft die gesamten Ersparnisse oder das Eigentum auf. Manche Angehörigen sind bereits gut informiert, andere völlig überfordert mit den bürokratischen Wegen, die pflegende Angehörige gehen müssen. Da verweise ich immer wieder auf unsere Pflegestützpunkte, die genau für diese Fälle sehr gut geschulte und hilfsbereite Kollegen einsetzen, um zu beraten und Hilfestellung zu geben. Das kann man übrigens auch telefonisch in Anspruch nehmen. Sorgen machen sich Angehörige auch dann, wenn sie merken – was gut ist! – dass sie an ihre Belastungsgrenzen kommen.

Damit ist die finanzielle, emotionale und gesundheitliche Grenze gemeint. Ich rate den Angehörigen, sich zuzugestehen, dass sie, solange sie es konnten, ihr Bestes gegeben haben. Und hier kommt die eingangs erwähnte Motivation wieder ins Spiel: Nach den biografischen Gesichtspunkten wird die Pflege übernommen, weil die allermeisten Angehörigen es eben einfach machen ›wollen‹ – und das ist aus meiner Sicht die beste Motivation. Wenn das dann noch eine gemeinschaftlich getroffene Familienentscheidung ist, können alle mit gutem Gewissen die Zeit sinnvoll nutzen, die noch verbleibt.«

Dass der Zeitpunkt, an dem wir Abschied nehmen müssen, immer zu früh ist, weiß ich aus eigener Erfahrung. Meine Großmutter war 96 Jahre, als sie starb, und trotzdem habe ich über viele Dinge nicht mit ihr gesprochen und viele Fragen nicht gestellt, weil ich dachte, ich hätte noch so viel Zeit …

»Biografie, Motivation und frühere Beziehungsmuster«, versuche ich die Schlagwörter des erfahrenen Experten zusammenzufassen »das sind also die ausschlaggebenden Kriterien für eine gelingende Pflege von Angehörigen zu Hause?«

»Ja, aus meiner jahrelangen Erfahrung heraus schon!«, antwortet er überzeugt.

Als ich den Termin mit der »Ehrenamtlichen« vereinbarte, war mir nicht klar, dass ich eigentlich mit zwei Experten in einer Person sprechen würde. Es sollte um Emotionen und Entlastungsmöglichkeiten gehen, so hatten wir es verabredet. Die zierliche Frau ist seit über zehn Jahren ehrenamtlich für Senioren aktiv. Als ich das genauso zu Beginn des Gespräches formuliere, lacht sie. »*Ja, aktiv für die Senioren, aber damit auch – eher passiv – für die Angehörigen*«. Das will ich natürlich genauer wissen.

»*Aktiviert werde ich sehr häufig von Angehörigen. Das heißt, pflegende Angehörige versuchen, sich Entlastung zu verschaffen, um zeitliche Ressourcen für sich zu nutzen. Sie sind häufig so intensiv in die Pflege ihrer Angehörigen eingebunden, dass sie die Reißleine ziehen und sich flankierende Unterstützung suchen. Häufig werden wir Ehrenamtlichen aber schon weit vor der Pflegebedürftigkeit mit ins Boot geholt. Manchmal auch von den Senioren selber. Es geht dann noch gar nicht um Pflegen, sondern um ›Unterstützung‹. Die Senioren versorgen sich überwiegend allein, sind nicht pflegebedürftig und haben noch viele soziale Kontakte. Je nachdem, wer uns anspricht, ist der Fokus darauf, was wir tun sollen, unterschiedlich. Kontaktieren uns Angehörige, die entweder voll berufstätig sind oder weiter weg wohnen, sind wir eher so etwas wie eine ›soziale Kontrolle‹.*«
Hier lacht die Ehrenamtliche wieder.
»*Die Angehörigen wissen dann, dass wir – Häufigkeit je nach Bedarf – nach dem Rechten schauen. Das ist schon mal eine große Entlastung für die Angehörigen zu wissen, dass da jemand kommt und mit dem Vater oder der Mutter im Kontakt*

ist, Dinge bespricht oder andere Hilfen anregt. Wir können aus unserer ›externen Position‹ heraus – da wir ja nicht zur Familie gehören – ganz andere Dinge viel entspannter anregen, als wenn der Sohn oder die Tochter sagt, dass jetzt z. B. mal eine Putzfrau eingestellt werden muss oder das Bad umgebaut werden sollte. Auf ›Propheten im eigenen Land‹ wird ja selten gehört ...«

Ehrenamtliche als Brückenbauer – es erscheint einleuchtend, dass geschulte Ehrenamtliche ganz andere Zugangsmöglichkeiten zu den Senioren haben als emotional eingebundene Familienangehörige. Außerdem kennen die Seniorenbegleiter natürlich viele weitere regionale Unterstützungsangebote, die sie dann vermitteln können.

»Manchmal ist es einfach nur ein Nachbarjunge, der den Rasen mäht, oder eine Reinigungseinrichtung, die die Wäsche abholt und sauber und gebügelt wiederbringt. So muss sich die Tochter den zusätzlichen Stress zur eigenen Vollzeitarbeit und eigenem Haushalt nicht machen, um für die Wäsche der Eltern zu sorgen. Und sie muss sich auch keine Gedanken darüber machen, dass die etwas gangunsichere Mutter mit einem vollen Wäschekorb die Treppe hinunterstürzt. Der Vater wird beim Fensterputzen nicht von der Leiter stürzen, weil ein Reinigungsdienst das übernehmen kann, und das Seniorenbüro (gibt es in vielen Städten) kann eine Reinigungskraft vermitteln. Das sind eigentlich präventive Maßnahmen«, erklärt die Seniorenbegleiterin, die ganz offensichtlich viel mehr tut, als nur mit zum Einkaufen zu fahren.

»Das sind dann immer auch soziale Kontakte, die die Senioren haben, und das Wissen darum ist eine nicht zu unterschätzende emotionale Entlastung für die Angehörigen.« **173**

Das kann ich nachvollziehen, denn wenn man am sozialen Leben teilnimmt, tut das der Psyche aller gut. Ich freue mich auch immer, wenn ich den vollen Terminkalender meiner Eltern sehe.

»Überhaupt ist es sinnvoll, so früh wie möglich ›niedrigschwellige Dienste‹ in Anspruch zu nehmen, denn dann ist der Übergang in eine Pflegesituation deutlich einfacher«, rät die Seniorenbegleiterin aus ihrer Erfahrung.

»Natürlich ist das nicht für jeden denkbar. Manchmal muss tatsächlich erst etwas passieren, bevor Hilfe auch wirklich angenommen wird. Das ist dann eben so. Die Angehörigen haben dann zwar oft ein schlechtes Gewissen oder machen sich Vorwürfe, dass sie den Oberschenkelhalsbruch – der Klassiker – nicht verhindert haben ... aber wer kann das schon? Ich glaube, genau das ist die Kunst beziehungsweise die Entlastung für pflegende Angehörige: Manchmal kann man eben nicht agieren, sondern erst dann re-agieren, wenn die Senioren es zulassen können, und das ist sehr oft erst nach einem akuten Ereignis der Fall.

Es schafft also Entlastung für die Angehörigen, ›gnädig‹ mit dem Urteil für sich selber zu sein und sich von einer ›Schuld‹ freizusprechen.«

Dass das kein einfaches Unterfangen ist, habe ich aktuell selber gerade erlebt mit meinen eigenen Eltern. Es tröstet mich, dass die Seniorenbegleiterin das explizit so formuliert, denn ein »schlechtes Gewissen« wegen »unterlassener Hilfeleistung« bei den Eltern haben viele pflegende Angehörige, und zwar so sehr, dass sie über ihre eigenen Grenzen hinausgehen.

»Eine weitere große emotionale Hürde ist der Rollentausch«, bestätigt die Seniorenbegleiterin meine Recherchen und das, was die anderen Profis auch gesagt haben.

»Damit meine ich nicht nur die Umkehr der Verantwortlichkeiten, sondern auch den Spagat zwischen Herkunftsfamilie und eigener Familie. Viele Partnerschaften halten den Zeitmangel, der zwangsläufig bei pflegenden Angehörigen auftritt, nicht aus. Oft fühlt sich der Partner zurückgesetzt und nicht mehr genügend beachtet – was durchaus tatsächlich der Fall sein kann. Das bedeutet, dass die Doppel-Rolle, die eine pflegende Angehörige einnimmt, zur doppelten Zerreißprobe werden kann. Damit ist emotionale Unterstützung und Entlastung auch doppelt wichtig. Die pflegenden Angehörigen haben permanent ein schlechtes Gewissen, zur falschen Zeit am falschen Ort zu sein. Sind sie bei dem pflegebedürftigen Vater, braucht sie vielleicht auch gerade der von der Arbeit gestresste Mann oder die pubertierende Tochter mit Liebeskummer. Wenn dann auch noch die wohlmeinende Pflege für die Senioren mit Verweigerung, Undankbarkeit oder einer demenziellen Erkrankung mit ihren wesensverändernden Merkmalen dazukommen, ist das eine Situation, die Pflegende nun wirklich kaum aushalten können.«

Ein enormer Druck, der auf pflegenden Angehörigen lastet. Wie gut, dass die Ehrenamtlichen auch das im Auge haben. Wenn die restliche Familie die Pflege von Vater oder Mutter nicht mitträgt oder unterstützt, ist das eine zusätzliche Belastung. Auch die Unterstützung von Geschwistern ist wichtig, und danach frage ich als Nächstes:

»Das Problem ist, dass Geschwister häufig eine Erwartungshaltung haben, nämlich die, dass derjenige bzw. diejenige,

welche(r) am nächsten wohnt, wie selbstverständlich die Pflege übernimmt. Dass da Faktoren wie Berufstätigkeit, eigene Familie oder die Biografie ebenfalls zu berücksichtigen sind, ist in einer ›Familienkonferenz‹ – die bestenfalls stattfindet – häufig gar nicht Thema. Dazu kommt, dass der Pflegende sich kontrolliert fühlt und die gelegentlich anreisenden Geschwister dann auch noch etwas an der Versorgung der Mutter auszusetzen haben. Das ist dann der ›Supergau‹ in den Familien ... denn die Geschwister-Konstellation bleibt ja erhalten, egal ob der Pflegebedürftige weiter zu Hause versorgt wird, in die stationäre Pflege kommt oder verstirbt. Da gibt es oft im Nachhinein viele Verletzungen zu bearbeiten ...«

Als ich nach »Scham« in der Pflege von Angehörigen frage, weiß die Seniorenbegleiterin gleich, worauf ich hinauswill:

»Es ist sehr schwer, Distanz und Neutralität zu bewahren, wenn der einstmals sehr gewählt kommunizierende, hochgebildete Vater in seiner Demenz plötzlich herumschreit, sich vulgär ausdrückt oder sich aggressiv verhält. Das ist den Angehörigen dann regelrecht peinlich, wenn wir Ehrenamtliche beschimpft werden. Wir können das dann natürlich neutraler betrachten, denn wir sind nicht wie die Söhne und Töchter oder Ehepartner emotional eingebunden. Und aus unserer Fachlichkeit wissen wir auch, dass es die Erkrankung ist, die da herumschreit und nicht Herr XY ... Das versuchen wir dann auch immer wieder zu erklären, auch wenn die Angehörigen das ja eigentlich schon lange wissen. Das Begreifen dauert eben ...«

Hier kann ich nur bestätigend nicken, und als ich nach ihrer Ansicht für praktikable Entlastungsmöglichkeiten frage, spreche ich mit der zweiten Expertin in einer Person für den stationären Bereich – also einer ehrenamtlichen Seniorenbegleiterin im Pflegeheim – denn auch dort ist meine Gesprächspartnerin tätig:

»Viele Angehörige sind sich nicht im Klaren darüber, dass eine Heimunterbringung nicht mit einem Kontaktabbruch gleichzusetzen ist. Im Gegenteil. Ich sage den oft traurigen Angehörigen immer, dass sie doch jetzt eine wirklich komfortable Situation geschaffen haben. Sie kommen mit einem selbstgebackenen Kuchen oder dem Lieblingsgericht oder einer Schale mit frischen Erdbeeren und können sich ausgeruht, mit geplanter Zeit und entspannt einen schönen Nachmittag mit der Mutter machen. Der Druck, die Unruhe, der Stress sind minimiert, und Besuche sind jetzt überwiegend positiv besetzt. Wenn die Tochter sonst zu ihrer pflegebedürftigen Mutter gefahren ist, musste alles immer ›schnellschnell‹ gehen, sie kam abgehetzt von der eigenen Familie mit einem schlechten Gewissen und war körperlich und emotional ausgelaugt. Da ist doch so ein Nachmittagsplausch in der Einrichtung sehr viel entspannter. Und das kann man, wenn man will, jeden einzelnen Tag tun. Da spricht überhaupt nichts dagegen!«

Sie hat einfach Recht! Es ist selbstverständlich eine schwierige Entscheidung, wenn man seinen Vater oder seine Mutter ins Pflegeheim gibt. Aber es per se als schlechteste aller Möglichkeiten zu sehen, ist völlig falsch. Denn erstens gibt es wirklich gute Pflegeheime und zweitens sind das keine geschlossenen Einrichtungen. Die guten Pflegeheime sind sogar sehr interessiert an einer engen Zusammenarbeit mit den Angehörigen.

Hier steigt die Seniorenbegleiterin wieder in meine Überlegungen ein:

*»Ich erlebe oft, dass sich Angehörige nach einer Eingewöh-
nungszeit – für den Pflegebedürftigen, aber auch für die Angehörigen – sehr aktiv in die soziale Gestaltung der Einrichtung
einbringen. Wir hatten eine Angehörige, die einmal im Monat
ihr Spinnrad mit in die Einrichtung brachte und nicht nur für
ihre Mutter, sondern für einen kleinen Kreis eine Art ›Work-
shop‹ veranstaltete. Eine Angehörige kommt einmal die Woche
und spielt – nicht nur für ihren Vater – Klavier im Gemeinschaftswohnzimmer. Es kommen immer viele Bewohner dazu
und erfreuen sich an den kleinen Konzerten. Die Angehörigen
haben ein ›gutes Gefühl‹, wenn sie sich in das ›System Pflegeheim‹ einbringen können. Ihr – zu Unrecht – schlechtes Gewissen wird dadurch gemindert, sie gewinnen eine neue Form des
›Gebraucht-Werdens‹, und es entwickelt sich eine neue Form der
Beziehung zu ihren pflegebedürftigen Angehörigen.«*

Etwas provokativ frage ich die engagierte Frau, ob sie da
nicht ein »leicht rosarot gefärbtes Bild« von einer Heimunterbringung zeichnet:

*»Nein, das sind keine Einzelfälle. Aber natürlich braucht so
etwas auch Zeit. Das muss wachsen. Und natürlich gibt es
Eingewöhnungsphasen, die sehr schwer und auch lang sind.*
*Ein älterer schwer demenziell erkrankter Landwirt hatte
starke ›Weglauftendenzen‹. Er wollte jeden Tag wieder auf seinen Hof bzw. seine Bank vor der Haustür. Denn dort hatte er
Pfeife rauchend viel Zeit verbracht und die Menschen aus seinem Dorf beobachtet, die vorbeigingen. Immer wieder musste
er von der Treppe oder sogar vom Eingangsbereich zurück in
seinen Wohnbereich gebracht werden, und immer wieder be-
klagte er sich, dass er nach S. wolle (sein Heimatdorf). Nach
allen Regeln der Kunst versuchten die Pflegekräfte und auch*

wir Ehrenamtlichen, ihn in seiner Demenz abzuholen und boten freundlich Ablenkung an.

Als wir mit einem der Söhne darüber sprachen, dass keine Verbesserung eintrat, riet er uns, mal einen etwas ›raueren Ton‹ anzuschlagen – also ihm ›Kommandos‹ zu geben … ›Denn so spricht man bei uns auf dem Dorf eben … da wird nicht gefragt oder vorgeschlagen, sondern gemacht …‹

Die Pflegkräfte versuchten das genau so, und tatsächlich ließ sich der alte Herr widerstandlos zu einer Bank, die der seinen ähnelte, und die der Sohn in das Gemeinschaftswohnzimmer gestellt hatte, bringen. An seiner Zimmertür wurde ein Ortseingangsschild mit dem Namen seines Ortes angebracht, und seither sitzt der alte Herr auf seiner Bank und freut sich über die Menschen, die dort vorbeigehen – so, wie er es früher schon in seinem Heimatort gemacht hatte.

Ich will nicht verhehlen, dass es sehr lange gedauert hat, bis wir dahin gekommen waren. Es war sehr schwer für die Söhne, die ›Weglauferei‹ des Vaters auszuhalten, denn es war ja offensichtlich, dass er nach Hause zurück wollte. Die Nerven lagen bei allen Beteiligten blank, und tatsächlich hatten die Söhne einen Auszug aus dem Pflegeheim überlegt. Es war eine schwere emotionale Belastung, das schlechte Gewissen, weil es dem Vater dort nicht gefiel, und die Sorge, waren schwer für die Söhne zu ertragen.«

Mir wird bei diesen Informationen noch einmal klar, wie wertvoll die ehrenamtlichen Seniorenbegleiter sind – und das nicht nur für die Pflegebedürftigen zu Hause, sondern auch in Einrichtungen. Dass sie aber auch wahre ›Engel ohne Flügel‹ für die pflegenden Angehörigen sind, die für Entlastung und emotionale Unterstützung sorgen, ist etwas, was noch viel mehr gefördert werden sollte.

Frau Professor Dr. Barbara Städtler-Mach kenne ich seit über 12 Jahren. Ich lernte sie in einem Doktorandenkolleg in Wien kennen, und wusste, sie ist promovierte Theologin, eine ausgewiesene Expertin und Gründerin des Instituts für Pflegeforschung, Gerontologie und Ethik. Beeindruckt hat mich schon damals ihre außerordentliche Empathie für ihre Studierenden und auch die wertschätzende Art, wie sie ihre Forschung betreibt.

Aktuell forscht sie u. a. über »osteuropäische Hilfskräfte« an der Evangelischen Hochschule Nürnberg. Ich hatte die Gelegenheit, darüber mit ihr zu sprechen. Natürlich sind wir dabei nicht nur bei diesem Thema geblieben, denn die Gründe und auch die Motivation, warum gepflegt wird, Entlastungsmöglichkeiten und Verbesserungsvorschläge, ergeben sich zwangsläufig aus dem Themenkomplex.

Als Erstes fragte ich natürlich nach den Gründen, warum sich so viele Menschen von jemand »Fremdem« Hilfe für ihre pflegebedürftigen Angehörigen erhoffen und das quasi als »die letzte Möglichkeit vor der Heimunterbringung« sehen.

»Die Frage fängt eigentlich einen Schritt zuvor an«, greift die Professorin sofort fachlich ein.

»Denn die Pflegenden und auch die Pflegebedürftigen wollen so lange wie möglich in ihrer vertrauten Umgebung bleiben. Die Überlegungen, wie das gelingen kann, greifen als Erstes auf vorhandene Ressourcen zurück – also die familiäre

Unterstützung. Das gelingt manchmal, aber ganz oft eben nicht. Die Versorgungsform durch osteuropäische Hilfskräfte – denn die Allerwenigsten sind ausgebildete Pflegekräfte – wird sogar von niedergelassenen Hausärzten empfohlen, wenn diese merken, dass die Angehörigen selber an ihre gesundheitlichen und emotionalen Grenzen stoßen. Die Frage heißt also nicht: Holen wir jemand Fremdes, sondern: Wie kommen wir zu einer guten Versorgung, so dass der pflegebedürftige alte Mensch so lange wie möglich zu Hause bleiben kann.«

Genau das scheint der Hauptgrund zu sein, warum überhaupt so viele Pflegebedürftige zu Hause versorgt werden – weil – und das kann wohl jeder sehr gut nachvollziehen, das Zuhause die vertrauteste und wünschenswerteste Situation ist, alt zu werden und zu sterben (Hier sagen die Statistiken etwas völlig anderes, denn es wird überwiegend in »Institutionen« gestorben, besagt eine repräsentative Umfrage des Deutschen Hospiz- und Palliativverbandes von 2017, die in der ÄrzteZeitung publiziert wurde, siehe Literatur).

Als Nächstes möchte ich von Frau Städtler-Mach als Ethikerin wissen, warum wir eine Aufgabe, die für viele im Herzen »eigentlich die eigene ist« – delegieren. Frau Städtler-Mach nannte es »eine neue Variante der intergenerationalen Solidarität«. Das meint, dass viele Pflegende argumentieren, dass sie früher als Kinder von ihren Eltern versorgt wurden, und sich jetzt die Situation praktisch umkehrt und sie nun für die Versorgung der Eltern zuständig sind. Das sei aber bei vielen Familien nicht mehr durchführbar, da die räumliche Nähe und auch die eigene berufliche oder die familiäre Situation eine Versorgung zu Hause durch Angehörige gar nicht möglich macht.

»Wenn die Politik nach wie vor – SGB XI – fordert: ›ambulant vor stationär«, muss sie die Rahmenbedingungen setzen, mit denen das auch möglich ist«, fordert die Professorin, die auch regelmäßig im Bayrischen Landtag und in der Bundespolitik an diversen »runden Tischen« sitzt.

»Es ist eine staatliche Delegation an die Familie, zwar mit diversen Unterstützungsmöglichkeiten wie ambulanter Pflegedienst, Kurzzeitpflege usw., aber faktisch hängt die ambulante Pflege an den Angehörigen. Es gibt keine praktikablen anderen Varianten, da die osteuropäischen Hilfskräfte derzeit, auch bei allen genannten Problematiken die einzige finanzierbare Möglichkeit sind. Dieser ›Graubereich‹ wird von allen in Kauf genommen, da der ambulante Bereich im Gegensatz zu den stationären Versorgungsformen nahezu unkontrolliert ist. Das ist auch ein bewusstes Wegschauen der Politik. Würde dort mehr kontrolliert, müsste mehr an die Familie zurückdelegiert werden. Hier hält der Sozialstaat nicht, wozu er gesetzlich verpflichtet ist.«

Die Fragen, wie osteuropäische Hilfskräfte, die ja wesentlich mehr sind als »Helferinnen« in unserer Familie, auch vor Vereinnahmung und Ausbeutung geschützt werden können und zusätzlich, dass wir auf der anderen Seite auch mal unter uns in der Familie sein wollen – scheinen schwer zu beantworten zu sein. Das hängt in erster Linie natürlich von allen Beteiligten ab ...

»Es funktioniert nur, wenn sich alle Beteiligten auf ihre klare Rolle festlegen«, so Frau Städtler-Mach. *»Gelingt das nicht,*

können Emotionen wie Eifersucht oder Verdrängungs- und Verlustgefühle entstehen, weil eine andere Person ›meine‹ Rolle übernimmt, was ich eigentlich selber initiiert habe, aber andererseits möchte ich natürlich nicht ›verdrängt oder ersetzt werden‹.«

Das zeigt die große Ambivalenz, die in solchen Konstrukten entstehen kann. Deshalb hier der Rat von Frau Städtler-Mach, sich auf eine »Rollendefinition« festzulegen.

Das ist besonders schwierig, da sowieso schon mindestens ein »Rollenwechsel« bei den pflegenden Angehörigen entsteht – nämlich vom Kind zum »verantwortlichen Kümmerer«. Wenn dann noch eine »externe« Hilfe dazukommt, delegiert man eine Aufgabe, und ich trete die Rolle der »Kümmerin« mehr oder weniger wieder ab – also ein erneuter Rollenwechsel.

»Es gibt in diesen Konstellationen viele Nebenschauplätze. Wir dürfen auch nicht vergessen, dass in diesem ›modernen Sklavenhandel‹ den alten, pflegebedürftigen Menschen in Osteuropa ja auch ihre Töchter entzogen werden.«

Frau Städtler-Mach geht im weiteren Gesprächsverlauf dann noch einmal auf eine von ihr durchgeführte Studie ein, die danach gefragt hat, ob die Angehörigen »zufrieden« mit der osteuropäischen Lösung sind. Die überwiegenden Antworten waren einhellig, dass man kein schlechtes Gewissen haben muss, da es für alle eine »gute »Lösung sei. Die osteuropäischen Hilfskräfte bekämen gutes Geld, das sie sonst so nicht in ihrer Heimat verdienen würden, und die Pflegebedürftigen sind auch zufrieden, da sie in ihrer Häuslichkeit bleiben können. Das wurde ihrer Ansicht auch so sehr betont, weil u. U. genau das Gegenteil der Fall sein könnte – die Lösung produziert ein schlechtes Gewissen, oder es existiert kein Bewusstsein dafür, weil alle heilfroh sind, dass es irgendwie weitergeht.

»Viele Angehörige sind sich gar nicht klar darüber (oder verdrängen es), dass auch Agenturen oft zum ›grauen Pflegemarkt‹ gehören und der überwiegende Anteil tatsächlich schwarz arbeitet ... Im Bewusstsein der Osteuropäerinnen ist es übrigens genau so wenig, denn sie sprechen ebenfalls von ihrer ›Arbeitsstelle‹«, weiß die Professorin aus ihren vielen Befragungen zu berichten.

»Vieles ist haftungsrechtlich relevant, daher gibt es auch kaum ehrenamtliche, offizielle Hilfen«, resümiert Frau Städtler-Mach.

»Wenn Ehrenamtliche kommen, um z. B. vorzulesen und sie begleiten dann jemanden beim Toilettengang, und derjenige stürzt, ist das ein Haftungsthema. Und genau so ist es bei den osteuropäischen Helferinnen. Nur bei dem ambulanten Pflegedienst ist die Haftung geregelt. Wird hier ein Pflegefehler gemacht oder ein falsches Medikament verabreicht, haftet die Pflegekraft bzw. der Pflegedienst. Die Rechtsprechung ist hier explizit gefragt, wenn wir mehr Ehrenamtliche einbinden wollen.

Meine Kritik ist es, das ALLE Beteiligten von der Politik mehr unterstützt werden müssen. Je länger ich mich mit der Thematik beschäftige, desto mehr sehe ich die Verantwortung bei der Politik, besonders auf Bundesebene, da das SGB dort erarbeitet wird. Es hat im Sommer 2018, die ›konzertierte Pflegeaktion‹ mit verschiedenen Ministerien stattgefunden ... dort kam nicht einmal der Begriff ›grauer Pflege-Markt‹ oder

›osteuropäische Hilfskräfte‹ vor! Die Politik ignoriert diese Problematik vollkommen. Da helfen auch die 13.000 zugesagten Stellen nichts, zumal wir alle wissen, dass es nicht ausreichend Fachkräfte auf dem Markt gibt. Es bleibt also erst einmal alles beim Alten, auch wenn eine Aufklärung langsam stattfindet. Der osteuropäische Markt wird irgendwann versiegen«, schließt Frau Städtler-Mach das Gespräch ab, und die Frage, was dann geschieht, wage ich gar nicht zu stellen.

Ich wünsche mir sehr, dass das nicht das letzte Gespräch mit dieser engagierten und empathischen Fachfrau gewesen ist und hoffe, dass die Entscheidungsträger endlich ihre Haltung, die vielerorts geteilt wird, hören!

DER »GRAUE PFLEGEMARKT«
Ein persönliches Statement

....

»Eine Polin für Oma« – so lautet ein Buchtitel ... – Dass damit nicht ausschließlich Polinnen gemeint sind, ist klar, denn der gesamte osteuropäische und aktuell besonders der russische (ukrainische, kasachische) Raum sowie die Balkanstaaten dienen dem »grauen Pflegemarkt« – »Go east«, sagte die Professorin Dr. Städtler-Mach im vorangehenden Experteninterview.

Pflegebedürftige wollen eben, solange es geht, in ihren eigenen vier Wänden leben. Ein ambulanter Pflegedienst kommt je nach Pflegegrad zwischen zehn Minuten und zwei bis drei Stunden. Eine Nachbarin schaut gelegentlich vorbei, und eine ehrenamtliche Dame vom Besuchsdienst der Kirchengemeinde kommt einmal die Woche für zwei Stunden. Damit sind wir weit weg von einer ganztägigen Betreuung, und genau das wünschen wir uns für unsere pflegebedürftigen schwer erkrankten Angehörigen. Und wenn wir es schon selber nicht leisten können (aus unterschiedlichen Gründen), dann müssen bzw. können wir eben jemanden »organisieren«, der das für uns tun kann.

Hier fängt für viele gedanklich das Problem an:

1. Delegieren wir hier eine Aufgabe, die wir eigentlich selbst erfüllen könnten?
2. Unter Umständen nimmt eine osteuropäische Pflegekraft den emotionalen Platz einer »Tochter« ein (denn sie kümmert sich ja). Nicht selten entstehen hier Gefühle wie Eifersucht oder ein »Verdrängt-Werden«, im gewissen Sinn ein Rollenwechsel.

3. Wie hoch sind die Kosten, und kann sich das die zu pflegende Person überhaupt leisten?
4. Wenn nicht, ist eine osteuropäische Pflegekraft alternativlos?
5. Ist ein solcher Einsatz ethisch/moralisch den osteuropäischen Hilfskräften, unseren Pflegebedürftigen, uns und auch dem Staat gegenüber vertretbar?

Doch Fakt ist: Pflegende wünschen sich und brauchen vielfach bei steigendem Pflegegrad Entlastung und mehr Zeit zur Erholung, Entspannung und für die eigene Familie.

Wenn der Entschluss also gefallen ist, jemanden, der nicht zur Familie gehört, mit dieser verantwortungsvollen Aufgabe zu betreuen, muss uns klar sein, dass diese Person tatsächlich rund um die Uhr in unserer Familie präsent ist, dass sie von Dingen erfährt, die wir möglicherweise selber nicht wussten, oder die wir lieber »in der Familie« gelassen hätten.

Auch ist eine Vereinnahmung der Hilfskräfte durch die Pflegebedürftigen nicht selten vorprogrammiert, auch wenn eine Einbeziehung in die Familie gut gemeint ist. Diese Allianz erzeugt in der Regel Druck auf beiden Seiten. Denn der Hilfskraft wird häufig auch suggeriert, dass ohne sie gar nichts mehr geht und vielleicht sogar eine Unterbringung im Heim nötig wird, sie eine moralische Verpflichtung gegenüber ihrer Ersatzfamilie hat und eine Kündigung oder ein Wechsel so (aus welchen Gründen auch immer) erschwert wird. Es muss also in jedem Fall eine gesunde Abgrenzung auf beiden Seiten stattfinden.

Eine weitere, sehr wichtige Überlegung richtet sich auf die Finanzierbarkeit. Natürlich kann man das Pflegegeld der Pflegeversicherung dafür nutzen, und in der Regel (je nach Pflegegrad zwischen 316 € – 901 €) ist ein Platz in einer stationären Einrichtung teurer. In einer süddeutschen Metropole kostet ein Pflegeplatz aktuell (in Abhängigkeit vom Pflegegrad) durchschnittlich zwischen 1.900 – 2.200 € Eigenanteil.

Der gangbare Weg zu einer legalen Hilfskraft wäre folgender:

Die Bundesagentur für Arbeit hat eine Infobroschüre herausgegeben, die erklärt, wie eine »europäische Haushaltshilfe« einzustellen ist. Der Begriff Haushaltshilfe definiert, was diese Frau zu tun hat – nämlich im Haushalt helfen und »notwendige, pflegerische Alltagshilfen« wie An- und Auskleiden, Hilfe beim Toilettengang und der Körperpflege oder der Nahrungsaufnahme. Damit ist aber die Durchführung von Behandlungspflege, wie Medikamentengabe, Insulin oder das Spritzen anderer Medikamente oder das Versorgen von Wunden ausgeschlossen. Denn Behandlungspflege ist und muss immer Facharbeit sein und bleiben, die nur von entsprechend geschultem Personal geleistet werden darf.

Stellt man also jemanden offiziell über die Arbeitsagentur ein, ist ebenso genau festgelegt, welcher Lohn gezahlt wird, die Arbeits- (und Ruhe-)zeiten, der Urlaub, die Unterkunft und Verpflegung, Kündigungsfristen und die An- und Abreisekosten. Es gibt einen normalen »Arbeitsvertrag«. In einer Musterrechnung wird von einer »Arbeitgeberbelastung« (und das ist man, wenn man jemanden einstellt) von Netto etwa 2.250€ (Stand 2018) plus Kosten für Entgelt-Fortzahlungen im Krankheitsfall, Mutterschaftsgeld und obligatorische Unfallversicherung kalkuliert.

Soweit so gut. Immerhin häufig günstiger als eine vollstationäre Pflege ... Aber: Diese Person arbeitet gesetzlich eben nur ca. 40 Wochenstunden (und ggf. mit festgelegten Rufbereitschaften) und nicht, wie wir es uns ja eigentlich vorstellen und wünschen rund um die Uhr. D. h. wir müssten, um ein »Drei-Schicht System« für unseren Angehörigen sicherstellen und auch Krankheit und Urlaubszeiten mit abdecken zu können, mindestens noch zwei bis drei weitere Haushaltshilfen einstellen. Damit wären wir bei ca. 7.000 Euro. Und natürlich müssten wir zusätzlich auch die Möglichkeit schaffen, drei weitere Personen im Haushalt unterzubringen.

Aus all diesen Gründen ist eine häufig genutzte Variante der »graue Pflegemarkt«. Valide Zahlen sind schwer zu bekommen. Verdi schätzte 2014 schon 100.000 – 330.000 osteuropäische Hilfskräfte. Aufgrund der steigenden Zahl der Pflegebedürftigen dürfte sich die Zahl annähernd verdoppelt haben.

In der Regel läuft eine solche Vermittlung über eine Agentur. Das Internet ist voller Unternehmensadressen, die entweder in dem jeweiligen »Entsendungsland« oder in Deutschland ihren Sitz haben. Wenn sie »seriös« arbeiten, sind mit Kosten mindestens um die 2.200 Euro zu rechnen, denn die Agenturen müssen sich an den Mindestlohn und die zu zahlenden Sozialabgaben halten. Ist der Preis deutlich darunter, ist anzunehmen, dass etwas nicht stimmt ... (fehlende Sozialabgaben oder weniger Auszahlung/Lohn an die »Arbeitnehmerinnen«). Manchmal fallen auch noch einmalige Vermittlungsgebühren von 500 – 1.000 Euro an ... plus Kost und Logis, Strom, Wasser, Telefon, und Fahrtkosten in die Heimat. Die Frauen machen dann häufig eine »24 Stunden Rufbereitschaft«.

Eine weitere Möglichkeit ist die »Mund-zu-Mund-Information« oder private Vermittlung ... Eine osteuropäische Hilfskraft wird gefragt (oder einfach direkt »weitervermittelt«), ob sie noch eine Schwester/Freundin/Nachbarin hat, die ebenfalls als »Haushaltshilfe« tätig sein will. Sie sei dann eben »zu Besuch«. Kosten zwischen 500 – 1.000 Euro.

Das ist die illegale Variante – Schwarzarbeit oder »moderner Sklavenhandel«. Bisher wurde allerdings aufgrund hoher sozialer Akzeptanz und geringer rechtlicher Risiken und Konsequenzen diese »graue« Variante häufig bevorzugt.

Bei diesem Thema sollten auch die nicht selten erheblichen Sprachbarrieren nicht unerwähnt bleiben, von den kulturellen Unterschieden ganz zu schweigen.

Es finden womöglich mehrere Wechsel statt – weil die »Chemie« nicht stimmt, ein Notfall in der Heimat die Hilfskraft abberuft oder weil sie nach drei Monaten von der »Agentur« schlicht ausgetauscht wird. Personelle Wechsel finden zwangsläufig natürlich auch in anderen Versorgungsformen statt. Dennoch ist das insbesondere für demenziell Erkrankte und auch grundsätzlich für alle Beteiligten immer eine Neuorientierung bzw. Neu-Einarbeitung.

Ein oben kurz angerissener ethischer Aspekt wird oft vergessen oder ausgeblendet: Die osteuropäischen Hilfskräfte sind fern der Heimat, lassen ihre eigene Familie zurück, haben oft keinen klar definierten Arbeitsbereich und wechselnde und wachsende Aufgaben. Sie leben buchstäblich in zwei Welten. Diese »Pendelmigration« hat ihre ganz eigene Dynamik. Die zurückgelassenen Familien in Polen, Slowenien, Tschechien haben nun ein Leben ohne Frau, Mutter, Tochter oder Tante …

Man könnte sich selbst damit beruhigen, dass man ja schließlich »gutes Geld« bezahlt, das die Frauen ja so nicht in ihrer Heimat verdienen würden. Diese Sichtweise greift meines Erachtens nach jedoch zu kurz, zumal unseriöse Agenturen den »Löwenanteil« einstreichen. Die Frauen fehlen, so wie bei uns auch, zur Versorgung ihrer eigenen Eltern und Angehörigen. Ihre Familie ist temporär auseinandergerissen. Somit stopfen wir hier für uns eine »Versorgungslücke«, die in einem anderen Land neu entsteht.

Ich will mich hier nicht als »Moralapostel« darstellen, sondern es ist mir ein persönliches Anliegen, auf die Diskrepanz hinzuweisen, die auch den politischen Diskurs dringend nötig macht. Die bisherige »Augenwischerei« von 13.000 neuen (Alten-)Pflegekräften für stationäre Einrichtungen hat mindestens eine »0« zu wenig, um allein die bereits jetzt existierenden Lücken zu füllen, und mehr als das Doppelte wäre nötig, um eine wirklich gute, ganzheitliche, würdevolle und individuelle Versorgung ambulant oder stationär (je nach Wünschen und Bedürfnissen) zu gewährleisten.

Eine Verbindlichkeit und Sicherheit – raus aus dem »grauen Pflegemarkt«, aber dennoch finanzierbar – wäre für alle Beteiligten wünschenswert. Denn dann müssten weder diejenigen, die Hilfe in Anspruch nehmen müssen oder wollen, noch diejenigen, die es anbieten und erbringen, ein schlechtes Gefühl haben. Wir sollten die Wahl haben können, was für wen die »richtige« Versorgungsform ist. Diese sollte dann qualitativ hochwertig und bezahlbar sein. Das hat für mich einzig mit Würde, Respekt und Balance zu tun, denn das sind wir unseren Angehörigen, den osteuropäischen Hilfskräften, den ambulanten Pflegkräften und auch uns selber schuldig.

KAPITEL 4

Rat, Hilfe und Begleitung für die Praxis

....

»Zeit ist kostbar«, sagt man. Die verbleibende Zeit mit seinen pflegebedürftigen Angehörigen zu verbringen ist das eine, Zeit für sich selbst zu haben, das andere. Nur, wer sich sicher ist, das Richtige zu tun, kann die immensen Herausforderungen der Pflege und Betreuung meistern. Wir müssen uns, wenn wir Pflege übernommen haben, regelmäßig fragen, ob und welche Entlastungsmöglichkeiten wir uns schaffen können und wollen – und das völlig ohne schlechtes Gewissen. Das gesunde Maß an »Egoismus« ist hier nichts Negatives, sondern gehört zur »Überlebensstrategie«.

Ressourcen für eine ausgewogene Balance zu schaffen und zu erhalten ist damit eine große Herausforderung und seine eigenen Grenzen zu erkennen und zu schützen unsere Aufgabe. Sich das bewusst zu machen, kann ein erster Schritt sein. Manchmal sind es auch die Partner oder Freunde, die darauf hinweisen. Das hören wir vielleicht zunächst nicht gerne, aber oft sind gerade solche Hinweise äußerst hilfreich ...

Ich persönlich habe versucht, mit meinen Kräften zu haushalten, denn wenn ich mich komplett verausgabt hätte, hätte ich gar nichts mehr tun können ... und eigentlich wollen natürlich auch die wenigsten Eltern, dass das eigene Kind sich für sie bei der Pflege über die Belastungsgrenze hinausbringt.

Wenn wir also einige theoretische und grundsätzliche Dinge für die Situation geklärt haben, sollten wir uns in

Erinnerung rufen, dass wir nicht alles alleine »wuppen« müssen.

Wenn die bisherigen Entlastungsmöglichkeiten nicht mehr greifen, sollten wir »verzeihlich« mit unserer Entscheidung für eine stationäre Pflegeeinrichtung sein.

Wir geben unsere pflegebedürftigen Angehörigen ja nicht in »Isolationshaft«, sondern in ein gut ausgewähltes Haus mit offenen Besuchszeiten, Gestaltungsmöglichkeiten des Zimmers und aktiver Einflussnahme auf Therapien, tagesstrukturierenden Maßnahmen, Ernährung und vieles mehr.

Ausgeschlafen einen langen Besuch zu machen oder meinen Angehörigen für einen Tagesausflug abzuholen macht mehr Sinn für alle Beteiligten, als völlig überfordert im häuslichen Umfeld zu rotieren.

Vor einer solchen Entscheidung gibt es aber auch eine Vielzahl von denkbaren Möglichkeiten, Adressen, Hilfeangeboten und Maßnahmen für »Zwischenlösungen«. Vieles davon wird finanziell unterstützt, einiges liegt in der (finanziellen) und organisatorischen Verantwortung der Nutzer. Auskunft geben entsprechende Organisationen, eine entsprechende Auflistung finden Sie weiter hinten. Möglich sind folgende:

- Externe Hilfen, wie ambulante Pflegedienste, die ganz oder teilweise die Pflege übernehmen, 24-Stunden Pflege
- Haushaltshilfen/Einkaufsdienste/Wäschedienste/Reinigungsdienste
- Legale ausländische Betreuungskräfte
- Tages-/Nachtpflege

- Kurzzeitpflege
- Betreutes Wohnen
- Wohngruppen/Senioren WGs
- Anpassung des Wohnraums (wird finanziell gefördert)
- Pflegekurse, um Handgriffe gesundheitsschonend anzuwenden
- Informationen und Antragshilfen durch Pflegeberatungsstellen und Pflegestützpunkte (in den Städten)
- Spezielle Kurse zum Umgang mit demenzkranken Menschen
- Urlaube mit Pflegebedürftigen
- Kuren für pflegende Angehörige
- Angehörigentreffs, Selbsthilfegruppen, Erzählcafés,
- Seelsorge, Kraft aus dem Glauben, Religion und Spiritualität
- Emotionale Unterstützung von Angehörigengruppen, Familie und Freunden
- Ehrenamtliche Hilfen (Kirche/Gemeinde/Besuchsdienste/Hospiz u. Ä.)

Um relativ genau einschätzen zu können, wie hoch die gegenwärtige Situation/Belastung ist, gibt es eine »Häusliche Pflege-Skala« (HPS) nach Gräßel, die ein »globales Maß für die wahrgenommene Belastung durch die häusliche Pflege« bemisst. Die zehn Fragen/Aussagen werden mit Punkten je nach Antwort bewertet, die dann in Summe den Belastungsgrad »Niedrig, mittel oder hoch« ergibt.

Verbal äußert sich die Überforderung oft durch Sätze wie z. B. »Ich fühle mich oft körperlich erschöpft«, »Mein Lebensstandard hat sich durch die Pflege verringert«, »Ich sorge mich aufgrund der Pflege um meine Zukunft« und »Durch die Pflege fühle ich mich krank« ...

Manchmal verhelfen Fragebögen, wie auch der nachfolgende Test, zu einem reflektierten und ehrlichen Umgang mit der eigenen Situation. Denn nur das Erkennen der Überlastung kann – wie gesagt – ein erster Schritt sein, sich Hilfe (woher und wie auch immer) zu suchen.

Test: Wie stark belastet mich die Pflege?

Keine Sorge, bei diesem Test können Sie nicht »durchfallen« oder ihn »bestehen«, er soll Ihnen als Richtschnur für Ihre Belastungsgrenze dienen. Er ist kein empirisch-wissenschaftlicher Test, so dass eine explizite Auswertung möglich wäre. Dennoch bietet er Ihnen die Chance, sich selbst besser wahrzunehmen und Ihre persönliche Pflegesituation zu reflektieren.

Wir haben bisher über Emotionen gesprochen, die uns während der Pflege unserer Lieben begleiten. Es ist nicht immer einfach, Gefühle zu erkennen und diese auch entsprechend zu benennen. Manchmal fühlt man »etwas« oder sich selber »irgendwie« ...

Schauen Sie sich die folgenden 25 Fragen einmal an und denken in Ruhe darüber nach. Sie können sie beliebig ergänzen oder auch unbeantwortet lassen:

1. Empfinde ich mich als egoistisch, weil ich auch mal meine Ruhe haben möchte?　JA　NEIN

2. Fühle ich mich »zerrissen« zwischen meiner eigenen Familie und der Pflege?　JA　NEIN

3. Könnten meine Geschwister mich mehr unterstützen?　JA　NEIN

4. Eine offene und ehrliche Familienkonferenz durchzuführen, ist aufgrund der schwierigen Konstellation unmöglich?　JA　NEIN

5. Fühle ich mich dauernd zu irgendetwas verpflichtet? JA NEIN

6. Gibt es keinen »Plan B« für die Pflege? JA NEIN

7. Frustriert oder verletzt es mich, wenn ich beschimpft werde, auch wenn ich theoretisch weiß, dass es die Krankheit ist, die da spricht? JA NEIN

8. Ist die Pflege nicht eigentlich verlorene Lebenszeit? JA NEIN

9. Lasse ich verschiedene Dinge viel zu nah an mich heran? JA NEIN

10. Mangelt es mir an Wertschätzung von mehreren Seiten? JA NEIN

11. Habe ich oft das Gefühl zu versagen? JA NEIN

12. Wünsche ich mir, dass die Pflegesituation bald (irgendwie) endet und ein »normaler Alltag« wieder beginnt? JA NEIN

13. Habe ich die Kontrolle über mein eigenes Leben verloren? JA NEIN

14. Würde ich manchmal gerne laut schreien oder auf etwas (jemanden!) einschlagen? JA NEIN

15. Fühle ich mich oft überfordert? JA NEIN

16. Betrachte ich meine Aufgabe weniger als einen »Liebesdienst« sondern eher als »Pflichterfüllung«?   JA   NEIN

17. Werde ich manchmal ohne jeden Anlass wütend oder traurig?   JA   NEIN

18. Fühle ich mich schuldig, etwas falsch zu machen oder zu versäumen?   JA   NEIN

19. Schlafe ich schlecht und eigentlich viel zu wenig?   JA   NEIN

20. Leide ich zunehmend selbst an körperlichen Symptomen (z. B. Rückenschmerzen, Stress, Bluthochdruck, Abgespanntheit)?   JA   NEIN

21. Habe ich oft Angst vor der Zukunft?   JA   NEIN

22. Gibt es immer wieder Situationen, bei denen ich mich ekele?   JA   NEIN

23. Bin ich unzufrieden mit mir und dem, was ich leiste?   JA   NEIN

24. Bin ich egoistisch, weil ich überhaupt pflege?   JA   NEIN

25. Habe ich schon öfter über Alternativen der Pflege nachgedacht?   JA   NEIN

Meine persönliche Empfehlung für Sie:

....

Ihre Antworten sind natürlich abhängig von der eigenen »Resilienz« – also Ihrer Widerstandsfähigkeit. Manche Menschen können besser, manche weniger gut mit schwierigen Lebensphasen umgehen. Das hat mit gelernten Mustern zur Konfliktlösung, der eigenen Biographie, dem gewohnten Habitus, einer allgemeinen psychischen Stabilität und vielem mehr zu tun. Menschen sind eben verschieden – und das ist auch gut so. Nicht jeder kann chirurgische Eingriffe durchführen oder juristische Abhandlungen schreiben – und so kann auch nicht jeder den Anforderungen einer langfristigen Pflegesituation standhalten, auch wenn er sich einmal dazu entschlossen hat. Deshalb stellt dieser Test auch keine »Bewertung« dar, sondern er hilft Ihnen dabei, sich selbst zu beobachten und sich und Ihre aktuelle Lebenssituation besser zu verstehen bzw. zu verändern, wenn nötig.

Wenn Sie mehr als die Hälfte der Fragen mit einem eindeutigen »Ja« beantwortet haben (seien Sie bitte sehr ehrlich mit sich!), sollten Sie sich dringend nach Entlastungsmöglichkeiten oder einer Alternative umsehen, um sich selbst und auch Ihre pflegebedürftigen Angehörigen zu schützen. Niemandem ist geholfen, wenn Sie vor Erschöpfung zusammenbrechen oder psychisch krank werden! Deshalb: Nehmen Sie sich die Zeit zu hinterfragen, ob alles in Ordnung ist oder es so einfach nicht mehr weitergeht.

Pflege allgemein
Diese Internetseiten waren mir für meine Recherche
wichtig, es gibt ständig Neuerungen und Ergänzungen.

www.correctiv.de
(Rechercheportal auch zum Thema Pflege)

www.beim-pflegen-gesund-bleiben.de
(hier auch Patientenverfügung und Vorsorgevollmacht, Formulare)

www.diakonie-in-niedersachsen.de
(z.B. Christliche Patientenverfügung, pdf)

www.wir-stärken-die-pflege.de
(Bundesministerium für Gesundheit, Die Pflegestärkungsgesetze. Alle Leistungen zum Nachschlagen.)

www.pflege-shv.de
(Initiative für menschenwürdige Pflege)

www.pflegeverantwortung.de
(Erfahrungen, Nachrichten und Community von und
für pflegende Angehörige.)

www.wege-zur-pflege.de
www.pflege-durch-angehoerige.de
(informativ für pflegende Angehörige)

www.barrierefrei-leben.de
(Verein für Hilfsmittelberatung, Wohnraumanpassung
und barrierefreie Bauberatung)

www.elternpflege-forum.de
(Forum speziell für Angehörige)

www.leben-und-pflegen.de
(Beratungsangebot für pflegende Angehörige, psychologische Hilfe, Unterstützung und Informationen)

www.wir-pflegen.net
(Interessenvertretung begleitender Angehöriger und Freunde)

www.pflegeunterstuetzung-berlin.de
(Ratgeber für pflegende Angehörige, Selbsthilfe und häusliche Pflege)

forum.pflegenetz.net
(für fachlich Pflegende und betreuende Angehörige)

www.pausentaste.de
(Beratungsangebot für pflegende Kinder und Jugendliche, Telefonischer Rat: Nummer gegen Kummer: 116111)

www.pflegendeangehoerige.info
(Selbsthilfeforum mit Informationen zur häuslichen Pflege)

www.bmjv.de
(Bundesministerium der Justiz und für Verbraucherschutz, Broschüren und PDFs, z.B. Patientenverfügungen, Ratgeber für Patientenrechte, Betreuungsrecht)

www.urlaub-und-pflege.de
(Reiseveranstalter, der sich auf Reisen für Mensch mit Hilfs- und Pflegebedarf spezialisiert hat)

www.letztehilfe.info
(Deutsche Gesellschaft für Palliativmedizin, Schulungen und Kurse zur Sterbebegleitung)

www.bmfsfj.de
(verschiedene Broschüren, PDFs, Erfahrungsberichte, z. B. »Auf fremdem Terrain – Wenn Männer pflegen«)

www.netzwerk-alttagsbegleiter.de

www.pflege-gewalt.de

www.zpq.de
(Zentrum für Qualität in der Pflege, Stiftung, die sich für pflegebedürftige Menschen engagiert)

www.krank.de
(Informationen rund um Behandlung, Krankheiten, Medikamente und Symptome)

www.psychatrie.de
(Psychatrienetz, u. a. Bundesverband der Angehörigen psychisch erkrankter Menschen)

www.verbraucherzentrale.de
(hier auch Infos zu legalen ausländischen Betreuungskräften)

Alterserkrankungen

www.schlaganfall-hilfe.de

www.aktion-demenz.de

www.alzheimerforum.de

www.deutsche-alzheimer.de

www.herzstiftung.de

www.krebshilfe.de

www.rheuma-liga.de

www.diabetikerbund.de

www.parkinson-vereinigung.de

www.deutsche-depressionshilfe.de

www.wegweiser-demenz.de
(hier empfehlenswert: E-learning-Kurs (7 Module zum Thema Demenz)

Krankenkassen und Pflegeversicherung

www.barmer.de
www.aok.de
www.dak.de
www.tkk.de
www.gkv-spitzenverband.de
www.krankenkassenzentrale.de
www.kbv.de
  (Kassenärztliche Vereinigung)

www.destartis.de
  (Statistisches Bundesamt)

www.gbe-bund.de
  (Gesundheitsberichterstattung des Bundes)

www.awo.org
www.caritas.de
www.drk.de
www.diakonie.de
www.paritaet.org
www.biva.de
  (Pflegeschutzbund, Interessenvertretung für alte und
  pflegebetroffenen Menschen)

www.weisse-liste.de
  (Bertelsmann-Stiftung und unter der Schirmherschaft
  der Bundesregierung zur Suche nach Krankenhäusern,
  Pflegediensten und Senioreneinrichtungen)

Krisentelefone

Es gibt in jedem Kreis, größeren Städten und Kommunen regionale Beratungsmöglichkeiten, daher nenne ich hier nur eine Auswahl, um Ihnen zu zeigen, was möglich ist.

Allgemeine hotlines
Telefonseelsorge evangelisch: 0800 1110111
Telefonseelsorge katholisch: 0800 1110222
Servicetelefon »Wege zur Pflege«: 030 20179131
Alzheimer-Telefon: 030 259379514
www.deutsche-alzheimer.de: 030 2259379514
www.schlaganfallhilfe.de: 05241 9770-0
Bürgertelefon des Bundesgesundheitsministeriums zur Pflegeversicherung: 030 3406066-02

Baden-Württemberg
»GEWALTig überfordert«
Landratsamt Böblingen – Kreisseniorenrat
Telefon: 07031 663-3000
www.krisentelefon-bb.de

Beschwerde- u. Beratungsstelle für Probleme der Altenpflege in Stuttgart
StadtSeniorenRat Stuttgart e.V.
Telefon: 0711 6159923
www.stadtseniorenrat-stuttgart.de

Bayern
Städtische Beschwerdestelle für Probleme in der Altenpflege der Landeshauptstadt München
Telefon: 089 23396966
www.muenchen.de/beschwerdestelle-altenpflege

Krisendienst Mittelfranken
Telefon: 0911 424855-0
www.krisendienst-mittelfranken.de

Berlin
Pflege in Not – Beratungs- und Beschwerdestelle bei
Konflikt und Gewalt in der Pflege älterer Menschen
Diakonisches Werk Berlin Stadtmitte e.V.
Telefon: 030 69598989
www.pflege-in-not.de
Berliner Seniorentelefon
Humanistischer Verband Berlin-Brandenburg e.V.
Telefon: 030 2796444
www.berliner-seniorentelefon.de
Berliner Krisendienst
(hilft bei Krisen und akuten psychiatrischen
Notsituationen)
www.berliner-krisendienst.de

Brandenburg
Pflege in Not
Beratungs- und Beschwerdestelle bei Konflikt und
Gewalt in der Pflege älterer Menschen
Telefon: 0180 2655566
www.pflege-in-not-brandenburg.jimdo.com

Bremen
Help-Line
(Telefon für pflegende Angehörige und ältere Menschen)
DIKS (Demenz Informations- und Koordinierungsstelle)
Telefon: 0421 7948498
www.helpline-bremen.de

Hamburg
Beschwerdetelefon Pflege
Behörde für Gesundheit und Verbraucherschutz
Telefon: 040 28053822 oder 040 428543191

Hessen
HsM
(Frankfurter Initiative gegen Gewalt im Alter e.V.)
Telefon: 069 20282530
www.hsm-frankfurt.de

Niedersachsen
Pflege-Notruftelefon Niedersachsen
SoVD-Landesverband Niedersachsen e.V.
Telefon: 0511 70148-0
www.sovd-nds.de/pflegenotruf.0.html

Nordrhein-Westfalen
Handeln statt Misshandeln (HsM)
Siegener Initiative gegen Gewalt im Alter e.V.
Telefon: 0271 6609787
www.hsm-siegen.de

**Notruftelefon für Fälle von Gewalt in der Pflege
in Essen**
Amt für Soziales und Wohnen
Telefon: 0201 88-50088

**»Not-Telefon« im Pflegealltag
im Kreis Paderborn**
Telefon: 05251 308-900

Rheinland-Pfalz
Informations- und Beschwerdetelefon Pflege und
Wohnen in Einrichtungen in Rheinland-Pfalz
Verbraucherzentrale Rheinland-Pfalz e.V.
Telefon: 06131 284841

Sachsen
Pflegekonfliktberatung
INTEGRA 2000 e.V. / Pflegebegleiterstützpunkt
Chemnitz
Telefon: 0371 4504981
www.pflegekonflikt-sachsen.de

Sachsen-Anhalt
Beratungsstelle für Probleme in der Altenpflege
Zentrales Informationsbüro Pflege
Telefon: 0391 5402430
*www.magdeburg.de/Bürger/Soziales_Gesundheit/Pflege
wegweiser/*

Schleswig-Holstein
PflegeNotTelefon Schleswig-Holstein
Telefon: 018 02 494847
www.pflege-not-telefon.de

Nachwort

»So, nun ist alles zu spät«, tönt es aus dem Telefon, als mein
Vater mich anruft ... was unabhängig von der Wortwahl
schon besorgniserregend genug ist, denn üblicherweise telefoniere ich ja mit meiner Mutter. Mein Vater ruft höchs-
tens an, um mir aufgeregt mitzuteilen, dass meine Mutter
gestürzt ist – so wie im letzten Sommer. Ich bin deshalb
auch gleich mittelmäßig beunruhigt, denn seine Wortwahl
lässt mich das Schlimmste befürchten. Dann lacht er zum
Glück, und meine Mutter ruft (wie immer) aus dem Hintergrund, »... alles gut, das wird sicher alles klappen«. »Ich
habe jetzt ein schnelles Internet bestellt«, verkündet mein
Vater stolz. Und ich bin auch stolz, wenngleich aus anderen
Gründen ... Trotz eines Lebensalters von fast 80 Jahren
lässt sich mein Vater nicht davon abbringen, etwas Neues
zu beginnen. Er ist aktiv geworden, hat sich informiert,
und er wird lernen müssen. Genau das tut er mit Begeisterung, ruft mich an, um sich etwas erklären zu lassen oder
mir zu erzählen, welche Programme er noch braucht, lässt
sich ein Fotobearbeitungsprogramm erklären, verschickt
Mails und surft in den Mediatheken und recherchiert bei
Dr. Google. Er hat all seine Fotos digitalisiert und akribisch
sortiert und gespeichert. Eine neue Welt hat sich ihm er-
öffnet, und meine Mutter schaut ihm oft über die Schulter.
Sie haben Spaß daran, immer etwas Neues zu entdecken
und teilen das mit ihrem Freundeskreis. Von wegen – alte
Menschen sind starr und unflexibel ... Ich erlebe gerade
das genaue Gegenteil.

Beide haben sich nach der Sommergeschichte gut erholt
und sind fast vollständig zum Alltag zurückgekehrt. Es hat

sich aber trotzdem etwas verändert – unsere Beziehung ist (noch) inniger geworden, denn wir wollen die Zeit nutzen, und eine noch aktivere Lebensfreude ist im Alltag deutlich spürbar. Und die beiden freuen sich über Routinen und Tätigkeiten, die sie wieder selber übernehmen können.

Wir lachen viel, sind bewusster mit der gemeinsamen Zeit und planen Projekte wie den Hafengeburtstag in Hamburg, gemeinsame kleine Urlaube und Besuche des Enkels.

Und auch ich habe mich erholt. Von dem Schreck, von den Sorgen und von der emotionalen Belastung. Das hat ebenfalls eine Weile gedauert. Das Geschehen hat mich veranlasst, mit meiner Familie über das Älterwerden und mögliche Szenarien zu sprechen. Das mündete in mehreren Terminen bei einem befreundeten Notar, der für mich u. a. eine Vorsorgevollmacht und eine Patientenverfügung aufsetzte. Ich habe gemerkt, wie wichtig diese Dinge sind, um Entscheidungen zum Wohl meiner damals pflegebedürftigen Eltern zu treffen.

Ich möchte, dass es für meinen Sohn nicht unnötig schwer ist, wenn bei mir eine Pflegebedürftigkeit vorliegt.

Unsere Sommergeschichte zog also einige Entscheidungen und Veränderungen nach sich ...

Liebe Leserinnen und Leser, Sie haben bis hierher das Wort »Balance« sehr oft gelesen, und es ist keine Überraschung, wenn ich verrate, dass sich das Wort sehr viel einfacher schreibt, als tatsächlich selbst in dieser Verfassung zu sein. Das gilt für Pflegende genauso wie für die pflegebedürftigen Angehörigen. Erst einmal ist nichts in Balance, wenn eine Pflege nötig wird, denn meistens kommt sie »überraschend«, selbst wenn man die Möglichkeit im Hinterkopf hatte. Mich jedenfalls hat es »kalt« erwischt. Meine Eltern und ich haben gelernt. Wir waren nur in Teilen vorbereitet, obwohl besonders ich es eigentlich hätte besser wissen müssen ...

Es ist also für jeden irgendwann an der Zeit, sich frühzeitig Gedanken zu machen und das Gespräch zu suchen. »Heute ist der erste Tag vom Rest meines Lebens« sagt man ... Wenn wir das als Chance nutzen, können wir jederzeit etwas Neues dazulernen, von unserer Vergangenheit, von unseren Eltern und von den Aufgaben, denen wir uns stellen möchten. Wir können auch lernen, »Nein« zu sagen, und uns abgrenzen – ohne schlechtes Gewissen. Alles ist möglich.

Für die Recherche habe ich viele Gespräche geführt. Nicht immer gezielt – denn manchmal sprach ich mit Frauen, Männern, Kolleginnen, Freunden oder Verwandten über irgendetwas, und plötzlich landeten wir beim »Kümmern« um die alten Eltern. In meiner Generation ist das zeitlich bedingt eben Thema.

Durch die Geschichte mit meinen Eltern wurde ich selber zu einem Teil der »Zielgruppe«. Als ich dieses Buch zu schreiben begann, dachte ich noch: »Wie gut, dass meine Eltern noch total fit und unabhängig sind. Im Frühsommer machten sie bei einem ihrer Urlaube noch einen Zwischenstopp bei ihrem Enkel und stiegen 105 Stufen hinauf in den fünften Stock und 105 Stufen wieder hinunter. Zwei Monate später schaffte meine Mutter nicht einmal zwei Stufen, um wieder in ihr zu Hause zu kommen ... sie musste getragen werden. Und mein Vater rang über eine Woche mit dem Tod.

Mir gab die Situation mit meinen Eltern die Gelegenheit, Pflege auszuprobieren und ganz bewusst Zeit mit meinen Eltern zu verbringen.

Eingangs schrieb ich, dass ich nicht zwingend Antworten auf diverse Fragen liefern kann – z. B. ob man seine pflegebedürftigen Angehörigen zu Hause versorgen soll oder nicht. Das muss jeder für sich entscheiden, es gibt vieles, was dafürspricht und genau so vieles, was dagegenspricht. Ich maße mir kein Urteil und keine Empfehlung an. Mir persönlich hat die Geschichte mit meinen Eltern Klarheit gebracht und zu einer Entscheidungsfindung für die Zukunft verholfen. Vielleicht ist es aber gar nicht so schlecht, nicht alles vorauszuplanen, sondern sich bewusst auf eine gegebene Situation einzulassen. Ich wusste nicht, dass ich über den heißen Sommer viele Stunden auf der klimatisierten Intensivstation verbringen würde. Und das war auch gut so. Was hätte ich sonst anders gemacht? Nichts wahrscheinlich ... Dinge, die zu regeln waren, habe ich versucht, eines nach dem anderen abzuarbeiten und mir Zeit genommen, am Bett meines Vaters zu sitzen, mit den Ärzten zu sprechen und meine Mutter im Rollstuhl von ihrer Station zu ihm zu bringen. Später übten sie beide gemeinsam am Rollator über den Stationsflur zu laufen, und ich machte unter viel Gelächter eine Fotoserie mit der »Rollator-Gang«. Wir haben nach Situationen gesucht, in denen wir lachen konnten. Das gelang nicht immer, natürlich gab es auch Zeiten der Angst, Sorge und Wut, wenn es nicht so lief wie erwartet. Ich bin sicher, dass ich diese Zeit nicht vergessen werde, denn ich habe viel gelernt – über meine Eltern, ihre Vergangenheit, ihre Hoffnungen – über mich, meine Fähigkeiten und Schwächen und letztlich dann auch über Pflege aus der Perspektive einer Tochter. **213**

Ich wünsche mir, dass ich Sie auf Ihrem Weg ein Stück begleiten konnte, dabei, sich klarer zu werden, was zu tun und wie Balance zu halten ist.

Auf dem Buchumschlag ist eine Wippe zu sehen. Wir wissen, dass diese mal zu der einen Seite und mal zu der anderen Seite kippt. Um sie in der Mitte zu halten, braucht es Balance, und die finden wir nur, wenn wir uns bewegen ...

In diesem Sinn wünsche ich Ihnen gutes Gelingen!

Verwendete und weiterführende Literatur

....

Abt-Zegelin, A. (2009): Hoffnung – Energiequelle in schwierigen Zeiten, in: Die Schwester Der Pfleger 48. Jahrgang 03/09, bibliomed, Melsungen.

Biberti, I. (2006): Hilfe, meine Eltern sind alt. Südwest, München.

Bleisch, B. (2018): Warum wir unseren Eltern nichts schulden. Carl Hanser, München.

Bundesministerium für Gesundheit (2018): Ratgeber Demenz. Informationen für die häusliche Pflege von Menschen mit Demenz., Berlin.

Bundesministerium für Gesundheit (2017): Die Pflegestärkungsgesetze. Alle Leistungen zum Nachschlagen. www.wir-stärken-die-pflege.de

Bundesministerium für Familie, Senioren, Frauen und Jugend (2017): Zweiter Bericht über die Entwicklung des bürgerschaftlichen Engagements in der Bundesrepublik Deutschland. Drucksache 18/11800.

Bundesministerium für Familie, Senioren, Frauen und Jugend (2016): Siebter Altenbericht. Sorge und Mitverantwortung in der Kommune – Aufbau und Sicherung zukunftsfähiger Gemeinschaften und Stellungnahme der Bundesregierung. Drucksache 18/10210.

Bundesamt für Familie, Senioren, Frauen und Jugend (2009): »Sicherer Hafen« oder »gefahrvolle Zone«? Kriminalitäts- und Gewalterfahrung im Leben alter Menschen. Ergebnisse einer multimethodalen Studie zu Gefährdung älterer und pflegebedürftiger Menschen.

De Beauvoir, S. (1996): Ein sanfter Tod. Rowohlt, Reinbek

De Gray, A. (2010): Niemals alt. So lässt sich das Altern umkehren. Transkript, Bielefeld.

Depping, K. (2008): Altersverwirrte Menschen seelsorgerisch begleiten. LHV, Hannover.

Döring, D. (2015): Die Sandwich-Generation. Leben zwischen Beruf, eigener Familie und alten Eltern. Paulusverlag, Freiburg Schweiz.

Dörner, K. (2007): Leben und Sterben, wo ich hingehöre. Dritter Sozialraum und neues Hilfesystem. Paramus Verlag der Brücke Neumünster GmbH.

Eichel, C. (2007): Die Liebespflicht. Zwischen alten Eltern und kleinen Kindern. Wege aus der Überforderung. Pando, München.

Franke, L. (2005): Demenz in der Ehe. Über die verwirrende Gleichzeitigkeit von Ehe- und Paarbeziehung in der psychosozialen Beratung für Ehepartner Demenzkranker. Mabuse, Frankfurt/M.

Frankl, V. (2008): ... trotzdem Ja zum Leben sagen. 29. Auflage. dtv, München.

Frankl. V. (2015):Der Mensch vor der Frage nach dem Sinn. 28. Auflage. Piper, München/Berlin.

Gronemeyer, R. (2018): Die Weisheit der Alten. Sieben Schätze für die Zukunft. Herder, Freiburg im Breisgau.

Haffert, I. (2014): Eine Polin für Oma. Der Pflege-Notstand in unseren Familien. Ullstein/Econ, München.

Harari, Y. N. (2017): Homo Deus. Eine Geschichte von Morgen. C.H. Beck, München.

Haruf, K. (2017): Unsere Seelen bei Nacht. Diogenes, Zürich.

Hirschhausen von, E. und Esch, T. (2018): Die bessere Hälfte. Worauf wir uns mitten im Leben freuen können. Rowohlt, Reinbek.

Kochskämper, S. (2018): IW-Report 33/18 Die Entwicklung der Pflegefallzahlen in den Bundesländern. Eine Simulation bis 2035. Institut der Deutschen Wirtschaft.

Kohröde-Warnken, C. (2011): Zwischen Todesangst und Lebensmut. Ein Ratgeber für Pflegekräfte und Angehörige, die Krebspatienten begleiten. Schlütersche, Hannover.

Kohröde-Warnken, C. (2016): Mein pinkfarbenes Leben mit Gott und Krebs. Vier-Türme-Verlag, Münsterschwarzach.

Kohröde-Warnken, C. (2017): Im Wartezimmer der Hoffnung. Geschichten vom lebensbejahenden Umgang mit chronischen Krankheiten. Vier-Türme-Verlag, Münsterschwarzach.

Käsler-Heide, H. (2009): Wenn die Eltern älter werden. Ein Ratgeber für erwachsene Kinder. Beltz, Weinheim.

Klie, T. (2014): Wen kümmern die Alten? Auf dem Weg in eine sorgende Gesellschaft. Pattloch, München.

Klie, T. (2017): Pflegereport 2017. Gutes Leben mit Demenz: Daten, Erfahrungen und Praxis. Storm, A., DAK Gesundheit. (Hrsg.). Beiträge zur Gesundheitsökonomie und Verhaltensforschung (Band 19).

Knörrich, P. J. (2006): Dem Alter souverän begegnen. Ein Ratgeber für Söhne, Töchter, Enkel und Senioren. dtv, München.

Lambers, B. (2016): Wenn die Eltern plötzlich alt sind. Wie wir ihnen helfen können, ohne uns selbst zu überfordern. Kösel, München.

Meyer, M. (2006): Pflegende Angehörige in Deutschland. Überblick über den derzeitigen Stand und zukünftige Entwicklungen, LIT Verlag, Münster.

Paritätischer Gesamtverband (2017): Pflegebedürftig – Was tun? C.H. Beck, München.

Perrig-Chiello, P./ Höpflinger, F. (2012): Pflegende Angehörige älterer Menschen. Probleme, Bedürfnisse, Ressourcen und Zusammenarbeit mit der ambulanten Pflege. Verlag Hans Huber, Bern.

Prahl, H.-W./ Schroeter, K. R. (1996): Soziologie des Alterns. UTB für Wissenschaft Uni-Taschenbücher.

Rosenberg, M. (2014): Mutter, wann stirbst Du endlich? Wenn die Pflege der kranken Eltern zur Zerreißprobe wird. Blanvalet, München.

Rothgang, H./ Müller, R. (2018): Barmer Pflegereport 2018. Schriftreihe zur Gesundheitsanalyse. Band 12. Berlin.

Schneider, M. (2018): Alte Engel. Rowohlt, Hamburg.

Schulz, T. (2018): Zukunftsmedizin. Wie das Silicon Vally Krankheiten besiegt und unser Leben verlängern will. dva, München.

Schöps, C. (2018): in ZeitDoctor 5/2018, Die Zeit Nr. 22: Wenn Eltern älter werden.

Schwabe, H. (12/2012): Ungewollt getauscht, in »demenz. Leben«.

Seethaler, R. (2018): Das Feld. Hanser, Berlin.

Soliman, T. (2014): Der Sturm vor der Stille. Warum Menschen den Kontakt abbrechen. Klett-Cotta, Stuttgart.

Spiegel Wissen (5/2018): Wenn Eltern alt werden. Spiegel-Verlag Rudolf Augstein, Hamburg.

Sutter, M. (1999): Small World. Diogenes, Zürich.

Tietjen, B. (2016): Unter Tränen gelacht. Mein Vater, die Demenz und ich. Piper, München/Berlin.

Werheid, K. (2017): Nicht mehr wie immer. Wie wir unsere Eltern im Alter begleiten können. Piper, München.

Wilde, O. (2004): Das Bildnis des Dorian Gray. Süddeutsche Zeitung Bibliothek, München.

Dank

Ich danke meinen wunderbaren Eltern, denen ich dieses Buch in Liebe gewidmet habe. Dafür, dass sie mich lieben, wie ich bin, für ihre Sorge und ihr »Dasein«. Ich wünsche mir noch viele Telefonate, Begegnungen, Besuche und Urlaube mit euch. Mein Versprechen: Ich werde da sein, wann immer ihr mich braucht! Danke!

Ich danke Malte und Ralf. Meine beiden Männer waren mir Freude, Inspiration, Motivation und Unterstützung. Oft saßen wir uns mit unseren Laptops gegenüber, lieber Sonnenschein, und wir haben wie immer viel geredet und gelacht! Das war mir eine große Freude! Danke!

Meinen beiden Freundinnen (auf Lebenszeit!) Barbara und Ulrike danke ich für Telefonate, Besuche, Gespräche, Diskussionen, Lachen, Weinen, Wandern, Einkaufsbummel und Suppe. Ihr wart mir Inspiration, Lexikon, Mutmacher und Wegbegleiter! Danke!

Ich danke meinen Geschichtenerzählern, die ich anonymisiert habe, für ihre Offenheit, ihr Vertrauen und ihre Bereitschaft, Zeit zu schenken, um viele Menschen an ihren Erlebnissen partizipieren zu lassen. Danke!

Ich danke meinen Interviewpartnerinnen Frau Professorin PD Dr. theol. Barbara Städtler-Mach, Frau Heike Schwabe, Krankenschwester und Gerontotherapeutin und den beiden anonymisierten Interviewpartnern, die mich von ihrer hohen Fachkompetenz profitieren ließen

und sich Zeit nahmen, meine Nachfragen zu beantworten.
Ich hoffe auf weitere Begegnungen! Danke!

Nicht zuletzt geht mein Dank auch an meine Lektorin im
Gütersloher Verlagshaus, Christel Gehrmann, mit der ich
sehr intensiv und gern zusammengearbeitet habe.

Mein Dank gilt auch den vielen Pflegenden, Angehörigen,
Laien, Professionellen, Ehrenamtlichen und namenlosen
Helfern. Sie lassen mich an das Gute in den Menschen
glauben.

Bibliografische Information der Deutschen Nationalbibliothek
Die Deutsche Nationalbibliothek verzeichnet diese Publikation
in der Deutschen Nationalbibliografie; detaillierte bibliografische
Daten sind im Internet über https://portal.dnb.de abrufbar.

Druckprodukt
climate-id.com/12559-1708-1001

Verlagsgruppe Random House FSC® N001967

1. Auflage
Copyright © 2019 Gütersloher Verlagshaus, Gütersloh,
in der Verlagsgruppe Random House GmbH,
Neumarkter Str. 28, 81673 München

Sollte diese Publikation Links auf Webseiten Dritter enthalten,
so übernehmen wir für deren Inhalte keine Haftung, da wir uns
diese nicht zu eigen machen, sondern lediglich auf deren Stand
zum Zeitpunkt der Erstveröffentlichung verweisen.

Umschlagmotiv: © Shutterstock/Svitlana Samokhina
Druck und Bindung: GGP Media GmbH, Pößneck
Printed in Germany
ISBN 978-3-579-01477-7

www.gtvh.de

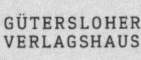

Tröstende Alltagsrituale für Trauernde

Jo Eckardt
Den Kummer von der Seele schreiben
Mein persönliches Trauerbegleitbuch

....

344 S. / durchgehend vierfarbig / gebunden mit Leseband
ISBN 978-3-579-07316-3

....

Erfahren Sie mehr zu diesem Buch unter **www.gtvh.de**

Ein Todesfall – und plötzlich ist nichts mehr so, wie es war: Das bisherige Leben funktioniert nicht mehr, jeder Tag wird zur Herausforderung.
Jo Eckardt will mit ihrem Buch in genau dieser Situation helfen und den Trauerprozess lenken. Als eine Art Kalenderbuch regt es zum Schreiben an und setzt kreative Impulse frei, um den Blick wieder nach vorne zu richten und neue Sicherheit zu erhalten. Das Buch gewinnt mit der Zeit an Bedeutung und unterstützt am Ende die Erschließung eines neuen Ansatzes für ein Leben »danach«.

GÜTERSLOHER
VERLAGSHAUS